SUPPEN & EINTÖPFE — SALATE, GEMÜSE & MEHR — FLEISCH — FISCH — SÜSSES

HEIMKOMMEN

SO SCHMECKT ZUHAUSE

100

REZEPTE AUS DER HEIMAT

EIN KOCHBUCH
FÜR DIE SEELE

Willkommen zuhause! Der erste Blick durch die „gute Stube", das Knarren des Holzbodens, in der Küche klimpert das Geschirr – spüren Sie sie schon, die Vorfreude auf Vertrautes und lange Vermisstes? Alle Sinne sind startklar zum Umschalten auf Wohlfühlmodus. Und dann ist er da, der Duft von frisch gebackenem Apfelkuchen, und weckt Erinnerungen an die vielen schönen Momente mit Familie und Freund:innen. Nichts lockt sie mehr hervor als die Gerichte von früher. Eine heiße Hühnersuppe, die weltbesten Frikadellen oder Omas Rouladen sorgen für dieses einzigartige Gefühl, das es nur an einem Ort gibt: daheim. Mit unserem Kochbuch führen wir Sie genau dorthin zurück. Wir haben die alten Rezepte für Sie neu ausprobiert – Klassiker aus allen Ecken des Landes, einfach und bodenständig. Zubereitet mit besten Zutaten aus unserer Heimat, mit viel Liebe und in aller Ruhe. In einer hektischen Zeit, in der wir rund um die Uhr alle Köstlichkeiten dieser Welt genießen können, sind sie genau das, was wir uns eigentlich wünschen. Also kommen Sie mit, zurück zu den Wurzeln. In unsere Heimatküche.

VIEL SPASS BEIM NACHHAUSEKOMMEN!

KURZ ERKLÄRT!

Das Wichtigste in diesem Buch sind natürlich die Rezepte. Die eine oder andere Zusatzinformation sorgt aber garantiert für ein Aha-Erlebnis.

TIPP: Direkt unter den Rezepten verraten wir kleine Zubereitungskniffe oder praktische Hinweise zur Aufbewahrung und Haltbarkeit. Eine Idee fürs Verfeinern ist auch schon mal dabei.

IN ..., AN ..., AUF ...

Manchmal schauen wir etwas genauer hin – aufs Feld, in eine Stadt oder eine Region. Wir nehmen dabei ein bestimmtes Lebensmittel unter die Lupe oder berichten über typische Essgewohnheiten und Speisen.

ACH SO!

Es gibt Gerichte, die lösen ein bestimmtes Heimatgefühl aus. Wir erklären, bei wem und warum, und verraten regionale Unterschiede.

Hier eine Beschreibung zu dem Video

REZEPT-NAME

edeka.de/xxxxxxxxx

REZEPTE PER VIDEO

Lust auf eine interessante Variante, eine andere Beilage oder ein ähnliches Rezept? Auf edeka.de finden Sie jede Menge Videos und kulinarische Inspiration von unseren Koch-Expert:innen der Genussmomente.

GUT ZU WISSEN

Unter jedem Rezept finden Sie hilfreiche Infos: die Zubereitungszeit, den Brennwert (kcal) und den Gehalt an Eiweiß (E), Fett (F) und Kohlenhydraten (KH). Dazu eine Auflistung besonderer Utensilien, die Sie für das Rezept benötigen.

Zubereitung ca. 1 Stunde + 2 Stunden Kühlzeit I **Utensilien** Stabmixer, feines Sieb I **Pro Stück** ca. 504 kcal, 7 g E, 32 g F, 45 g KH

AUF EINEN BLICK

An diesen Symbolen unter den Rezepten erkennen Sie, was nicht drinsteckt und wann Vegetarier:innen bzw. Veganer:innen zugreifen können.

GLUTENFREI
In Rezepten mit diesem Symbol werden keine glutenhaltigen Lebensmittel verwendet. (Gluten ist ein Klebereiweiß in vielen Getreidesorten.)

LAKTOSEFREI
Wird dieses Symbol angezeigt, ist keine Laktose (also der Milchzucker aus Milch und Milchprodukten) im Rezept enthalten.

VEGETARISCH
Kein Fleisch, keine Wurst, kein Fisch, keine Produkte daraus: Sind Rezepte vegetarisch, erscheint dieses kleine Symbol.

MACH'S VEGETARISCH
Diese Rezepte können Sie durch kleine Änderungen in der Zubereitung oder durch alternative Lebensmittel in vegetarische verwandeln.

VEGAN
Die traditionelle Küche enthält oft tierische Lebensmittel – aber auch für Veganer:innen ist etwas dabei. Achten Sie einfach auf dieses Symbol!

MACH'S VEGAN
Ein vegetarisches Rezept vegan machen? Das geht oft leichter, als man denkt. Unter diesem Symbol finden Sie einfache und praktische Ideen.

INHALT

SUPPEN & EINTÖPFE

Die beste Medizin bei Heimweh? Nach Hause telefonieren –
oder eine heiße Suppe! Eine cremige aus Kartoffeln, in der sich
Wurststückchen verstecken. Oder eine feine klare. Praktisch:
ihre unkomplizierte Zubereitung. Einfach rein in den Topf
mit Brühe und Gemüse, köcheln lassen, mit der Lieblingseinlage
aufpeppen, Seele wärmen und genießen!

HÜHNERSUPPE
MIT NUDELN

FÜR 4 PORTIONEN

1	**Suppenhuhn (ca. 2 kg)**
	Salz, Pfeffer
1 Bund	**Suppengrün**
1	**Zwiebel**
½ Bund	**glatte Petersilie**
2	**Lorbeerblätter**
½ TL	**schwarze Pfefferkörner**
2	**Nelken**
1 Zweig	**Thymian**
300 g	**Möhren**
150 g	**Fadennudeln**
1 Prise	**geriebene Muskatnuss**
	Worcestershiresauce

1 Das Huhn von innen und außen abspülen, überschüssiges Fett aus dem Bauch entfernen, den Bürzel (Fettdrüse) abschneiden. Das Huhn in einen großen Topf geben und 4–5 l kaltes Wasser dazugeben, sodass es knapp bedeckt ist. 1 EL Salz hinzufügen, alles aufkochen. Den entstandenen Schaum auf der Oberfläche nicht abschöpfen!

2 Das Suppengrün, bis auf 100 g Lauch und 100 g Sellerie, putzen bzw. schälen. Das Gemüse in ca. 1 cm große Würfel schneiden. Die Zwiebel mit Schale halbieren. Die Petersilienblättchen abzupfen und beiseitestellen. Die Petersilienstängel mit dem gewürfelten Suppengrün, Lorbeerblättern, Pfefferkörnern, Nelken, Thymian und der halbierten Zwiebel zum Huhn geben. Alles 1 ½–2 Stunden bei milder Hitze und halb geöffnetem Deckel köcheln.

3 Das Huhn mit einem Schaumlöffel herausheben und etwas abkühlen lassen. Das Fleisch von Haut und Knochen lösen und dann in mundgerechte Stücke schneiden. Die Brühe durch ein feines Sieb gießen.

4 Die Möhren und den beiseitegelegten Sellerie schälen. Den beiseitegelegten Lauch putzen, längs halbieren, waschen und trocken tupfen. Alles in ca. ½ cm große Würfel schneiden. 1,5–2 l der Brühe noch einmal aufkochen, die Möhren, den Sellerie und den Lauch darin 8–10 Minuten kochen lassen. Die Nudeln in den letzten ca. 3 Minuten mitkochen. Das Hühnerfleisch in die Suppe geben und alles mit Salz, Pfeffer, Muskat und Worcestershiresauce abschmecken. Die Petersilienblättchen hacken und kurz vor dem Servieren über die Hühnersuppe streuen.

TIPP: **Die restliche Brühe – und evtl. auch einen Teil des Fleisches – in Tiefkühlboxen füllen, abkühlen lassen und einfrieren. Man kann daraus Frikassee (siehe Seite 107) oder nochmals eine leckere Hühnersuppe zubereiten.**

Zubereitung ca. 2 Stunden 30 Minuten | **Utensilien** Schaumlöffel, feines Sieb | **Pro Portion** ca. 742 kcal, 48 g E, 46 g F, 33 g KH

ACH SO!
Tut die gut! Perfekt, wenn man klatschnass vom Regen nach Hause kommt. Ein Schuss Weißwein in der Suppe ist übrigens erlaubt. Machen die an der Grenze zu Belgien und Frankreich auch so.

KARTOFFELSUPPE
MIT WÜRSTCHEN

FÜR 4 PORTIONEN

1	**dünne Lauchstange**
1	**Zwiebel**
600 g	**Kartoffeln, mehligkochend**
100 g	**Möhren**
50 g	**Petersilienwurzel**
100 g	**Knollensellerie**
2 EL	**Butter**
	Salz, Pfeffer
1,4 l	**Gemüsebrühe**
1	**Lorbeerblatt**
100 ml	**Schlagsahne**
1 TL	**scharfer Senf**
1 Prise	**geriebene Muskatnuss**
4	**Wiener Würstchen**
½ Bund	**Petersilie**

1 Den Lauch putzen, der Länge nach aufschneiden, waschen und in schmale Ringe schneiden. Die Zwiebel schälen und fein würfeln. Kartoffeln, Möhren, Petersilienwurzel und Sellerie putzen, schälen und in ca. 1,5 cm große Würfel schneiden.

2 Die Butter in einem großen Topf zerlassen und die Zwiebel darin goldgelb andünsten. Möhren, Petersilienwurzel, Sellerie, Kartoffeln und Lauch dazugeben und unter Rühren ca. 2 Minuten mitdünsten. Mit Salz und Pfeffer würzen. Die Brühe zugießen, das Lorbeerblatt hinzufügen, alles aufkochen und zugedeckt bei mittlerer Hitze ca. 25 Minuten köcheln.

3 Das Lorbeerblatt entfernen. Die Hälfte des Gemüses aus dem Topf nehmen, den Rest der Suppe mit dem Pürierstab fein mixen. Anschließend die restlichen Gemüsestücke wieder unter die Suppe rühren. Die Sahne und den Senf unterrühren, kurz aufkochen. Die Suppe mit Salz, Pfeffer und Muskatnuss abschmecken.

4 In einem Topf etwas Wasser aufkochen und vom Herd ziehen. Die Würstchen hineingeben und ca. 5 Minuten erwärmen. In Scheiben schneiden und zur Suppe hinzufügen. Die Petersilienblättchen abzupfen, fein hacken und die Suppe damit bestreuen.

MACH'S VEGETARISCH
Die Würstchen gegen große Croûtons aus Steinofenbrot oder Roggen-Ciabatta tauschen.

Zubereitung ca. 40 Minuten I **Utensilien** Pürierstab I **Pro Portion** ca. 531 kcal, 15 g E, 38 g F, 30 g KH

SCHNIBBELBOHNEN-SUPPE

FÜR 4 PORTIONEN

500 g	**Schnibbelbohnen (Stangenbohnen, rund oder flach)**
1	**Zwiebel**
500 g	**Kartoffeln, vorwiegend festkochend**
1 EL	**Butter**
3 EL	**Öl**
1 EL	**Mehl**
1,5 l	**Hühnerbrühe**
10 Stiele	**Bohnenkraut**
	Salz, Pfeffer
100 g	**durchwachsener Speck**
4 Stiele	**Petersilie**

1 Die Bohnen putzen, waschen und in ca. 2 cm lange Stücke schneiden. Die Zwiebel schälen und fein würfeln. Die Kartoffeln schälen, waschen und in 2 cm große Stücke schneiden.

2 Die Butter und 2 EL Öl in einem Topf erhitzen. Die Zwiebel darin glasig dünsten. Die Bohnen und die Kartoffeln zufügen und kurz mitdünsten. Das Mehl darüberstäuben und kurz dünsten. Die Brühe unter Rühren zugießen, die Hälfte des Bohnenkrauts zugeben und alles zugedeckt aufkochen. Kräftig mit Salz und Pfeffer würzen und bei mittlerer Hitze zugedeckt 15–20 Minuten garen.

3 Inzwischen den Speck fein würfeln und in einer Pfanne im restlichen heißen Öl knusprig braten. Auf Küchenpapier abtropfen lassen. Die Petersilien- und die restlichen Bohnenkrautblättchen abzupfen und hacken. Die Suppe abschmecken und die Bohnenkrautstiele entfernen. Die Suppe mit Petersilie, Bohnenkraut und Speck bestreut servieren.

TIPP: Unbedingt vorwiegend festkochende Kartoffeln verwenden, sie verleihen der Suppe genau die richtige Konsistenz. Mehligkochende binden zu stark, festkochende zu wenig.

Zubereitung ca. 35 Minuten I **Pro Portion** ca. 716 kcal, 31 g E, 53 g F, 27 g KH

ACH SO!

Sauer macht lustig – deshalb schnibbeln die Rheinländer:innen vergorene Bohnen in dünnen Scheiben in die heiße Brühe. Das schmeckt perfekt zum salzigen Räucherspeck.

RINDER- KRAFT- BRÜHE

I Das Fleisch in einen Topf mit 3,5 l kaltem Wasser geben. Zugedeckt einmal aufkochen, salzen und offen bei milder Hitze ca. 90 Minuten köcheln.

2 Inzwischen für die Brühe die Zwiebel mit Schale halbieren, die Schnittflächen in einer beschichteten Pfanne dunkelbraun rösten. Möhren und Sellerie schälen und in grobe Stücke schneiden. Alles mit den Lorbeer- blättern, Petersilie und den Pfefferkörnern zum Fleisch geben. Evtl. etwas Wasser zufügen, bis alle Zutaten leicht bedeckt sind. Die Brühe ca. 45 Minuten weiterkochen.

3 Währenddessen die Nudeln nach Packungsanleitung in Salzwasser garen. Abgießen, kalt abschrecken, abtropfen lassen. Möhren schälen, längs halbieren, schräg in dünne Scheiben schneiden. Lauchzwiebeln und Staudensellerie waschen, putzen und in dünne Scheiben schneiden. Schnittlauch in feine Röllchen schneiden.

4 Die Brühe durch ein feines Sieb in einen weiteren Topf gießen. Das Fleisch zunächst lauwarm abkühlen lassen. Dann von Sehnen und Knochen befreien und ca. 400 g (nach Belieben mehr) davon klein würfeln.

5 Die Brühe mit Salz abschmecken und aufkochen. Die Möhren und den Sellerie darin bei milder Hitze ca. 3 Minuten gar ziehen lassen. Fleisch, Nudeln und Lauchzwiebeln kurz in der Brühe erhitzen. Die Suppe mit Schnittlauch bestreut servieren.

FÜR 8 PORTIONEN

Für die Brühe:

1,5 kg	**Suppenfleisch vom Rind (z. B. Beinscheiben)**
	Salz
1	**Zwiebel**
2	**Möhren**
150 g	**Knollensellerie**
2	**Lorbeerblätter**
5 Stiele	**Petersilie**
1 TL	**schwarze Pfefferkörner**

Für die Einlage:

200 g	**Suppennudeln**
	Salz
2	**Möhren**
4	**Lauchzwiebeln**
2 Stangen	**Staudensellerie**
½ Bund	**Schnittlauch**

Zubereitung ca. 2 Stunden 30 Minuten I **Utensilien** feines Sieb I **Pro Portion** ca. 264 kcal, 24 g E, 9 g F, 22 g KH

WIE MACHT MAN EIGENTLICH
EIERSTICH?

Diese leckere Einlage für klare Gemüse- oder Fleischsuppen kommt nie aus der Mode! Wir machen den Eierstich natürlich nach Omas Rezept – sanft im Wasserbad auf dem Herd. So wird er perfekt.

SCHRITT 2

Eine kleine Auflaufform fetten, maximal bis zu ⅔ mit der Eiermilch füllen und mit Alufolie gut verschließen. Dabei die Folie an den Rändern andrücken.

SCHRITT 1

Für 4 Portionen 2 Eier (Größe M) mit 125 ml Milch, 1 Prise Salz und 1 Prise Muskatnuss in einer Schüssel verquirlen – am besten mit einem Schneebesen. Wichtig dabei: das Ganze nicht zu schaumig schlagen, sonst kann der Eierstich später grobporig werden.

SCHRITT 4

Die Form vorsichtig aus dem Topf nehmen. Den Eierstich mit einem Messer vom Formrand lösen, auf ein Brett stürzen und in Würfel oder Rauten schneiden. Dann nur noch ab in die Suppe damit und genießen!

SCHRITT 3

Die Form in einen breiten Topf stellen und so viel heißes Wasser angießen, dass sie zu ⅔ im Wasser steht. Das Wasser aufkochen und die Eiermilch darin zugedeckt bei schwacher Hitze ca. 30 Minuten stocken lassen.

SCHON GEWUSST?
EIERSTICH KANN MAN AUCH WUNDERBAR PER KEKSAUSSTECHER IN FORM BRINGEN – JE NACH ANLASS ETWA IN HERZ- ODER STERNFORM.

BORSCHTSCH
MIT SCHMAND

FÜR 4 PORTIONEN

800 g	**Suppenfleisch vom Rind**
	Salz, Pfeffer
2	**Lorbeerblätter**
3	**Wacholderbeeren**
3	**Pimentkörner**
2 TL	**Kümmelsaat**
2	**Zwiebeln**
2	**Knoblauchzehen**
2	**Möhren**
500 g	**frische Rote Bete**
1	**rote Paprikaschote**
3 EL	**Sonnenblumenöl**
2 EL	**Tomatenmark**
450 g	**Weißkohl**
200 ml	**Rote-Bete-Saft**
1 Prise	**Zucker**
½ Bund	**Dill**
200 g	**Schmand**

1 Das Fleisch mit 2 l kaltem Wasser in einen Topf geben, sodass es mit dem Wasser bedeckt ist, und langsam zum Kochen bringen. Sobald das Wasser sprudelt, den entstehenden Schaum abschöpfen. 1 TL Salz, Lorbeerblätter, Wacholderbeeren und Pimentkörner hinzufügen. Halb zugedeckt bei milder Hitze 1 ½–2 Stunden köcheln.

2 Die Kümmelsaat in einer Pfanne ohne Fett anrösten, auf einen Teller geben und abkühlen lassen. Anschließend im Mörser grob zerstoßen. Zwiebeln und Knoblauch schälen und fein würfeln. Möhren und Rote Bete putzen, schälen und in Stifte schneiden (da die Rote Bete färbt, evtl. Einmalhandschuhe tragen). Die Paprika waschen, putzen, vierteln und in dünne Streifen schneiden. Das Öl erhitzen, Zwiebeln und Knoblauch darin andünsten. Möhren, Paprika und Rote Bete mit dem Tomatenmark hinzufügen und ca. 5 Minuten anbraten. Mit Salz, Pfeffer sowie ⅔ des Kümmels würzen und beiseitestellen.

3 Den Weißkohl vierteln, den harten Strunk entfernen, die Viertel in dünne Streifen schneiden. Fleisch und Gewürze aus der Brühe nehmen. Angebratenes Gemüse, Weißkohl und Rote-Bete-Saft zur Brühe geben, aufkochen und 15–20 Minuten köcheln. Das Fleisch in ca. 2 cm große Würfel schneiden, wieder in die Brühe geben und alles aufkochen. Mit Salz, Pfeffer und Zucker würzen. Die Dillfähnchen abzupfen und grob schneiden. Den Borschtsch mit Schmand, dem restlichen Kümmel und Dill servieren. Dazu passt Roggenbrot.

MACH'S VEGETARISCH
Die selbst gemachte Fleischbrühe durch Gemüsebrühe ersetzen. Zusätzlich Kartoffelwürfel mit anbraten und köcheln.

Wer Rote Bete liebt, wird auch von dieser Suppenvariante begeistert sein:

ROTE-BETE-SUPPE MIT TEIGTASCHEN

edeka.de/rote-bete-suppe

Zubereitung ca. 2 Stunden 30 Minuten | **Utensilien** Schaumlöffel, Mörser | **Pro Portion** ca. 668 kcal, 45 g E, 40 g F, 28 g KH

LINSENEINTOPF
MIT KOHLWÜRSTEN

FÜR 4 PORTIONEN

2	**Zwiebeln**
100 g	**durchwachsener Speck**
1 Bund	**Suppengrün (ca. 500 g)**
4 EL	**Öl**
1 TL	**Tomatenmark**
300 g	**Berglinsen**
2	**Lorbeerblätter**
1 TL	**getrockneter Majoran**
1,5 l	**Gemüsebrühe**
	Salz, Pfeffer
1 Prise	**Zucker**
2–3 EL	**Rotweinessig oder milder Weißweinessig**
4	**Kohlwürste (à 100 g; alternativ Mettwürste)**
1 Bund	**Schnittlauch**
4 EL	**Senf**

1 Die Zwiebeln schälen und fein würfeln. Den Speck ebenfalls fein würfeln. Das Suppengrün putzen, die Möhren und den Sellerie schälen, den Lauch längs halbieren und waschen. Das vorbereitete Gemüse in ca. 1 cm große Würfel schneiden.

2 Das Öl in einem Topf erhitzen. Den Speck darin hellbraun braten. Zwiebeln dazugeben und glasig dünsten. Möhren, Sellerie und Lauch hinzufügen, 5 Minuten mitbraten. Tomatenmark, Linsen, Lorbeerblätter und Majoran zugeben, ca. 2 Minuten mitbraten. Die Brühe zugießen, aufkochen und bei mittlerer Hitze 30–40 Minuten kochen, bis die Linsen weich, aber noch leicht bissfest sind. Lorbeerblätter entfernen.

3 Den Eintopf nach Belieben mit einem Pürierstab ganz kurz mixen, sodass eine leichte Bindung entsteht. Mit Salz, Pfeffer, Zucker und Essig abschmecken. Die Würste in Scheiben schneiden, zum Eintopf geben und zugedeckt bei milder Hitze ca. 10 Minuten erwärmen. Falls der Eintopf jetzt zu dickflüssig wird, evtl. noch etwas Brühe zugießen.

4 Den Schnittlauch in feine Röllchen schneiden und den Eintopf damit bestreuen. Den Senf für die Würstchen dazu servieren.

Mit persönlicher Anleitung geht's noch leichter. Schauen Sie mal!

LINSENEINTOPF MIT KOHLWÜRSTEN

edeka.de/linseneintopf

Zubereitung ca. 1 Stunde 10 Minuten I **Utensilien** evtl. Pürierstab I **Pro Portion** ca. 931 kcal, 38 g E, 68 g F, 41 g KH

ACH SO!

Winter im Norden? Da kommt Kohlwurst auf den Tisch – im Grünkohl oder Eintopf. Ihr würziger Räuchergeschmack ist ideal, um deftigen Gerichten noch mehr „Power" zu verleihen.

KÜRBIS-SUPPE

FÜR 4 PORTIONEN

800 g	**Hokkaido-Kürbis**
1	**Zwiebel**
1	**Knoblauchzehe**
2 EL	**Butter**
3 EL	**neutrales Öl (z. B. Sonnen-blumen- oder Rapsöl)**
1	**Lorbeerblatt**
	Salz, Pfeffer
¼ TL	**Paprikapulver, rosenscharf**
1 l	**Gemüsebrühe**
50 g	**Kürbiskerne**
150 ml	**Schlagsahne**
1 Prise	**geriebene Muskatnuss**
1 Prise	**Zucker**
1–2 TL	**Zitronensaft**
4 Stiele	**Kerbel oder Petersilie**
2–3 EL	**Kürbiskernöl**

1 Den Kürbis waschen, trocken reiben, vierteln und die Kerne mit einem Esslöffel entfernen. Die Kürbisviertel in ca. 3 cm große Stücke schneiden. Die Zwiebel schälen und würfeln. Den Knoblauch schälen und hacken.

2 In einem Topf 1 EL Butter schmelzen. Zwiebel und Knoblauch darin glasig dünsten, herausnehmen und beiseitestellen. Öl und die restliche Butter in den Topf geben und den Kürbis darin rundherum hellbraun anrösten. Die Zwiebelmischung und das Lorbeerblatt hinzufügen. Mit Salz, Pfeffer und Paprikapulver würzen. Mit der Brühe ablöschen, aufkochen und zugedeckt bei milder Hitze 20–25 Minuten köcheln.

3 Die Kürbiskerne in einer Pfanne ohne Fett anrösten, auf einen Teller geben und abkühlen lassen. Das Lorbeerblatt aus der Suppe entfernen. Die Sahne zur Suppe geben und alles mit dem Pürierstab sehr fein mixen. Mit Salz, Pfeffer, Muskat, Zucker und Zitronensaft würzig abschmecken.

4 Die Kerbelblättchen abzupfen und evtl. grob hacken. Die Suppe mit Kürbiskernöl und den Kürbiskernen anrichten und mit Kerbel bestreut servieren.

Zubereitung ca. 35 Minuten I **Utensilien** Pürierstab I **Pro Portion** ca. 469 kcal, 7 g E, 42 g F, 16 g KH

SCHWERE „BEERE"

Fein und filigran ist anders! Wer sich jedoch auf den robusten Kürbis einlässt, wird nicht nur mit Farbe auf dem Teller, sondern auch mit einem wunderbar nussigen Aroma belohnt.

1.191,5
KILOGRAMM
wog der bisher schwerste Kürbis der Welt (Stand: 2021). Der Rekord besteht seit 2016.

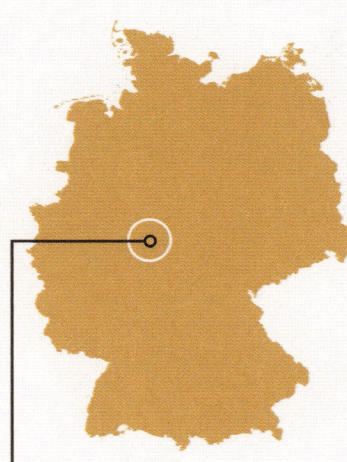

SCHLANKMACHER
Kürbisse bringen reichlich Gewicht auf die Waage. Unserer Figur schmeicheln sie: Sie liefern so gut wie kein Fett und, je nach Sorte, nur 19 bis 45 Kalorien (pro 100 Gramm).

ANBAUREGION
Die Region südlich von Kassel wird von Weizen, Kohl und Zuckerrüben dominiert. Aber auch Kürbisse gedeihen hier im Norden Hessens bestens.

Wer hätte das gedacht – der Kürbis ist eine Beere. Und dazu uralt: In Mexiko sollen versteinerte Samen aus der Zeit um 10.000 vor Christus entdeckt worden sein. Heute gibt es rund 200 Speisekürbissorten, die beliebteste bei uns ist der Hokkaido. Ob es daran liegt, dass er nicht geschält werden muss? Mit störrischer Hülle, aber süß und cremig kommt der Butternut-Kürbis daher. Er schmeckt gebacken hervorragend. Wer es würziger mag, greift zum Muskatkürbis, wer das Besondere liebt, zum Spaghetti-Kürbis. Letzterer wird im Ganzen gegart und ausgelöffelt. Beim Kauf auf den Stiel achten: Fehlt er, kann die Frucht dadurch faulen oder austrocknen. Die heimische Kürbissaison ist leider kurz: Erntezeit ist im Spätsommer und Herbst. So auch auf dem Kürbishof Steinmetz in Nordhessen: Seit vielen Jahren baut der Familienbetrieb hier Kürbisse an. Ab Mitte Mai erfolgt die Direktsaat ins Freiland. Zum Schutz vor Krähen und für ausreichend Bodenwärme wird die Fläche für einige Wochen mit Vlies abgedeckt. Das Unkraut zwischen den Kürbispflanzen wird per Hacke entfernt, und auch die Ernte erfolgt per Hand. Ende August ist es dann so weit: Leuchtende Kürbisse gehen in den Verkauf – direkt vom Hof zu EDEKA.

FAMILIENSACHE
Auf dem Hof Steinmetz im hessischen Gudensberg ist Handarbeit angesagt. 70 Kürbissorten werden von der Familie „persönlich betreut".

LAUCHSUPPE
MIT KÄSE UND HACK

FÜR 4 PORTIONEN

2 Stangen	**Lauch**
1	**Knoblauchzehe**
100 g	**Parmesan oder Grana Padano**
4 EL	**Öl**
300 g	**Rinderhackfleisch Salz, Pfeffer**
700 ml	**Gemüsebrühe**
150 g	**Schmelzkäse**
100 g	**Crème fraîche Cayennepfeffer**

1 Den Lauch putzen, längs halbieren und gründlich waschen. Anschließend in ca. ½ cm breite Halbringe schneiden. Den Knoblauch schälen und in dünne Scheiben schneiden. Den Parmesan fein reiben.

2 Das Öl in einem Topf erhitzen. Das Hackfleisch darin hellbraun und grobstückig anbraten, dabei mit Salz und Pfeffer würzen. Den Lauch und den Knoblauch dazugeben und 3–4 Minuten mitbraten.

3 Die Gemüsebrühe hinzufügen und aufkochen. Alles zugedeckt bei mittlerer Hitze 8–10 Minuten köcheln. Schmelzkäse, Crème fraîche und geriebenen Parmesan zugeben und unter Rühren schmelzen lassen, dabei nicht mehr kochen. Die Lauchsuppe mit Salz und Cayennepfeffer abschmecken. Dazu passt frisches Baguette.

TIPP: Der klassische Schmelzkäse für die Lauchsuppe ist ein Sahne-Schmelzkäse. Warum aber nicht mal die Hälfte davon gegen eine Paprika-, Kräuter- oder Blauschimmel-Variante tauschen? So kommt neue Würze ins Spiel!

Es gibt richtig gute Fertigbrühe, aber hausgemacht ist hausgemacht:

SELBST GEMACHTE GEMÜSEBRÜHE

edeka.de/gemuesebruehe

MACH'S VEGETARISCH
Wie wär's mit gehacktem, in Butter gebratenem Blumenkohl statt Hackfleisch?

Zubereitung ca. 30 Minuten **I** **Utensilien** Käsereibe **I** **Pro Portion** ca. 585 kcal, 33 g E, 48 g F, 4 g KH

SPARGEL-CREME-SUPPE

1 Den Spargel waschen, schälen und die Enden ca. 1 cm breit abschneiden. Schalen und Enden in einem Topf mit 1,5 l Wasser bedecken, leicht salzen und zugedeckt aufkochen. Ca. 2 Minuten kochen, danach vom Herd nehmen und ca. 15 Minuten ziehen lassen.

2 Die Schalotte schälen und fein würfeln. Die Spargelstangen in ca. 2 cm lange Stücke schneiden, die Köpfe beiseitelegen. In einem Topf ⅓ der Spargelstücke und die Schalotte in 40 g erhitzter Butter glasig dünsten. Mit Mehl bestäuben und ca. 2 Minuten unter Rühren farblos anschwitzen. Den Spargelsud durch ein Sieb dazugießen und dabei die Schalen leicht ausdrücken. Alles unter Rühren aufkochen und zugedeckt bei mittlerer Hitze 15–20 Minuten köcheln.

3 Die Sahne zugießen, mit Salz, Cayennepfeffer und Zitronensaft kräftig abschmecken. Die Suppe mit dem Pürierstab mixen. Die restlichen Spargelstücke und -köpfe zugeben, ca. 8 Minuten bei mittlerer Hitze garen.

4 Das Toastbrot in kleine Würfel schneiden und in einer Pfanne in der restlichen erhitzten Butter goldbraun rösten. Die Kresse vom Beet schneiden. Die Spargelsuppe anrichten, mit Croûtons und Kresse bestreut servieren.

FÜR 4 PORTIONEN

750 g	**Spargel**
	Salz
1	**Schalotte**
60 g	**Butter**
40 g	**Mehl**
150 ml	**Schlagsahne**
	Cayennepfeffer
	Zitronensaft
3 Scheiben	**Toastbrot**
½ Beet	**Gartenkresse**

Zubereitung ca. 45 Minuten | **Utensilien** Spargelschäler, feines Sieb, Pürierstab | **Pro Portion** ca. 349 kcal, 7 g E, 26 g F, 22 g KH

IN NIEDERSACHSEN

… wird mehr Spargel angebaut als in jedem anderen Bundesland. Lust, sich davon zu überzeugen? Dann rauf aufs Rad oder rein ins Auto, der „Niedersächsischen Spargelstraße" folgen und die Höfe persönlich besuchen. Entdecken kann man in Niedersachsen, neben dem feinen Gemüse, auch viele andere regionale Spezialitäten wie Tee aus Ostfriesland, Käse aus dem Emsland oder Räucherfisch aus dem Ammerland.

ERBSENSUPPE
MIT WÜRSTCHEN

FÜR 4 PORTIONEN

1 Bund	**Suppengrün**
200 g	**durchwachsener Speck**
2 EL	**Öl**
1	**Lorbeerblatt**
1 TL	**getrockneter Majoran**
300 g	**grüne Schälerbsen**
500 g	**Kasslernacken mit Knochen**
300 g	**Kartoffeln, festkochend**
100 g	**TK-Erbsen**
4	**Wiener oder Schinkenwürste**
	Salz, Pfeffer
1–2 TL	**Rotweinessig**
5 Stiele	**Majoran**

1 Möhren und Sellerie putzen, schälen und in ca. 1 cm große Würfel schneiden. Den Lauch putzen, den dunkelgrünen Teil entfernen, die restliche Lauchstange der Länge nach vierteln, gründlich waschen und in ca. 1 cm breite Stücke schneiden. Den Speck fein würfeln. Das Öl in einem großen Topf erhitzen und den Speck darin bei starker Hitze anbraten. Das vorbereitete Gemüse zugeben und ca. 3 Minuten unter gelegentlichem Rühren mit andünsten. Lorbeerblatt, getrockneten Majoran, Schälerbsen, Kassler und 1,8 l Wasser hinzufügen. Kurz aufkochen und zugedeckt bei mittlerer Hitze ca. 90 Minuten garen.

2 Inzwischen die Kartoffeln schälen, waschen und in ca. 1 cm große Würfel schneiden. Die Kartoffelwürfel ca. 30 Minuten vor Garzeitende zur Suppe geben, kurz aufkochen und bei mittlerer Hitze mitgaren. Das Kassler aus dem Topf nehmen und etwas abkühlen lassen, dann in mundgerechte Würfel schneiden.

3 TK-Erbsen und Kasslerwürfel ca. 15 Minuten vor Ende der Garzeit in den Topf geben und alles ohne Deckel zu Ende garen. Währenddessen in einem weiteren Topf etwas Wasser aufkochen und vom Herd ziehen. Die Würstchen hineingeben und ca. 5 Minuten erwärmen, anschließend klein schneiden und in die Suppe geben. Die Erbsensuppe mit Salz, Pfeffer und etwas Essig abschmecken. Die Majoranblättchen abzupfen und die Suppe damit bestreuen. Das Lorbeerblatt vor dem Verzehr entfernen.

TIPP: Falls die Suppe zu dickflüssig wird, evtl. etwas Wasser zugießen.

Zubereitung ca. 2 Stunden I **Pro Portion** ca. 1.047 kcal, 49 g E, 73 g F, 48 g KH

SALATE, GEMÜSE & MEHR

Wir lieben Frisches vom Feld. Ganz besonders, wenn
es das um die Ecke ist. Gurkensalat mit Dill, Blumenkohl
in Hollandaise oder Pellkartoffeln mit Quark zaubern
uns ein Lächeln ins Gesicht – garantiert. Dazu heiße
Highlights aus Pfanne und Ofen ... Schon sind sie wieder da,
die wunderbaren Wohlfühlmomente.

BLUMENKOHL
MIT BÉCHAMELSAUCE

FÜR 4 PORTIONEN

1	**Blumenkohl (ca. 1,3 kg)**
	Salz, Pfeffer
2 EL	**Butter + etwas für die Form**
2 EL	**Mehl**
350 ml	**Milch**
200 g	**mittelalter Gouda**
60 g	**Parmesan**
150 g	**gekochter Schinken**
100 ml	**Schlagsahne**
1 TL	**abgeriebene**
	Bio-Zitronenschale
	frisch geriebene Muskatnuss
5 Stiele	**Petersilie**

1 Den Blumenkohl in Röschen teilen, putzen und waschen. Die Röschen in kochendem Salzwasser ca. 4 Minuten vorkochen. Anschließend vorsichtig in ein Sieb abgießen und dabei 150 ml Kochwasser auffangen. Die Röschen kalt abschrecken und gut abtropfen lassen.

2 Die Butter zerlassen, das Mehl dazugeben und unter Rühren bei mittlerer Hitze aufschäumen. Die Milch und 150 ml Kochwasser unter Rühren hinzufügen, aufkochen und unter mehrmaligem Rühren 10–15 Minuten köcheln.

3 Den Backofen auf 200 Grad (Umluft 180) vorheizen. Den Gouda raspeln, den Parmesan fein reiben. Den Schinken fein würfeln. Die Sahne sowie jeweils die Hälfte von Gouda und Parmesan unter die Sauce rühren und den Käse kurz schmelzen lassen. Die Zitronenschale untermischen. Die Sauce mit Salz, Pfeffer und Muskat würzig abschmecken.

4 Eine Auflaufform (ca. 20 x 30 cm) fetten, die Blumenkohlröschen hineingeben und den Schinken darüberstreuen. Die Béchamelsauce darüber verteilen und mit dem restlichen Gouda und Parmesan bestreuen. Im heißen Ofen auf der mittleren Schiene ca. 30 Minuten überbacken. Die Petersilienblättchen abzupfen, hacken und über den Blumenkohl geben. Dazu passen Salzkartoffeln.

MACH'S VEGETARISCH
Wie wäre es statt Schinken mit mehr Grün? Einfach jungen Spinat mit Knoblauch in einer Pfanne in heißem Öl zusammenfallen lassen und mit dem Blumenkohl in die Form geben.

Zubereitung ca. 55 Minuten | **Utensilien** Sieb, Gemüseraspel, Käsereibe, Auflaufform (ca. 20 x 30 cm) | **Pro Portion** ca. 802 kcal, 47 g E, 31 g F, 84 g KH

BAYRISCHER
WURSTSALAT

FÜR 4 PORTIONEN

Für das Dressing:
4 EL	**Rotweinessig**
2 TL	**grober Senf**
5 EL	**Sonnenblumenöl**
	Salz, Pfeffer
	Zucker
1 EL	**Kümmelsaat**

Für den Salat:
300 g	**Rettich oder**
1 Bund	**Radieschen (nach Belieben)**
	Salz, Pfeffer
500 g	**gemischte Wurst (z. B. Fleischwurst, Krakauer, Regensburger, vorgebrühte Weißwurst, Blutwurst)**
2	**rote Zwiebeln**
½ Bund	**Petersilie**
½ Bund	**Schnittlauch**

1 Den Essig mit dem Senf in einer Schüssel verrühren. Das Sonnenblumenöl kräftig unterrühren und mit Salz, Pfeffer und etwas Zucker herzhaft würzen. Die Kümmelsaat in einer Pfanne ohne Fett anrösten, anschließend zum Dressing geben.

2 Den Rettich schälen bzw. die Radieschen putzen und waschen. Rettich bzw. Radieschen in feine Scheiben schneiden oder hobeln, anschließend leicht salzen. Die verschiedenen Wurstsorten jeweils in sehr dünne Scheiben schneiden und unter das Dressing mischen. Ca. 15 Minuten ziehen lassen.

3 Die Zwiebeln schälen und in feine Ringe hobeln. Die Petersilienblättchen abzupfen und fein hacken, den Schnittlauch in Röllchen schneiden. Rettich bzw. Radieschen leicht ausdrücken und mit den restlichen Zutaten unter den Wurstsalat mischen. Mit Salz und Pfeffer abschmecken und servieren.

TIPP: **Viel braucht man nicht zum Wurstsalat. Der macht alleine schon gut satt! Traditionell genießt man ihn in Bayern aber gerne mit Laugenstange, Brezen oder frischem Bauernbrot.**

MACH'S VEGETARISCH
Wer nur Pflanzliches mag, hat beim Wurstsalat keine Chance? Probieren Sie doch mal vegetarische Fleischwurst!

Zubereitung ca. 25 Minuten I **Utensilien** evtl. Gemüsehobel I **Pro Portion** ca. 535 kcal, 14 g E, 51 g F, 4 g KH

FRISCHE KÖPFE

Da haben wir den Salat, direkt vom Feld – und stellen fest, dass ein Sensibelchen hinter dem grünen Blattgemüse steckt. Die robusten Köpfe wollen sanft behandelt werden.

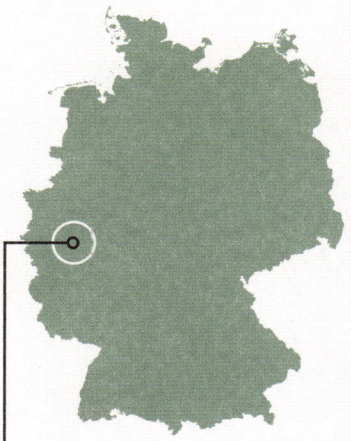

ANBAUREGION
Im alten Rheinbett zwischen Köln und Bonn fühlen sich Salatpflanzen wohl. Die leichten, lehmhaltigen, teils sandigen Böden bieten ideale Voraussetzungen für knackige Köpfe.

FEINER SCHNITT
Salat wird von Hand mit dem Messer geschnitten. Der antrocknende Milchsaft macht die Schnittstelle bräunlich – was später oft mit mangelnder Frische verwechselt wird.

Fünf Kilogramm Salat gönnt sich jede:r Deutsche durchschnittlich pro Jahr: Der traditionelle Kopfsalat liegt dabei weit vorne – im Trend ist der festere Römer. Wie praktisch, dass bei dieser Menge kaum Kalorien auf die Waage kommen: Das zarte Blattgemüse besteht zu 95 Prozent aus Wasser. Zugegeben, damit gehört der Salat nicht zu den Top-Nährstofflieferanten. Was die Köpfe begehrenswert macht, sind ihre knackfrischen Blätter. Vor allem in der Saison zwischen Mai und Oktober sollte man zugreifen, dann kommen die Salate vom Feld „um die Ecke". Hier werden sie pfleglich behandelt: Die Ernte beginnt meist in den frühen Morgenstunden bei niedrigen Temperaturen – in der Regel von Hand, da die Köpfe empfindlich sind. Danach geht es ab in die Kiste und ins kühle Lager. So läuft das auch auf dem Gemüsehof Pesch in Bornheim, einem unserer regionalen Lieferanten für Römer- und Kopfsalat in Nordrhein-Westfalen. Im sonnigen Gebiet zwischen Köln und Bonn wird innovativ und zugleich traditionell gearbeitet. Der zertifizierte Betrieb setzt den Fokus auf Nachhaltigkeit und effiziente Mikroorganismen, zur Bodenverbesserung, Stärkung der Pflanzen und Abwehr von Schädlingen – gut für die Natur und gut für uns.

30–50
TAGE
braucht ein Freiland-Kopfsalat, bis man ihn ernten kann.

ALLES IM GRIFF
Schonend mit Ressourcen und Natur umgehen: Das hat für EDEKA-Lieferant Sebastian Pesch Priorität. Auf den Feldern rund um Bornheim arbeitet er nachhaltig.

GRÜNER BLATT- SALAT

FÜR 4 PORTIONEN

Für das Dressing:

150 g	**Vollmilchjoghurt**
2 EL	**Crème fraîche**
5 EL	**Milch**
2 EL	**Zitronensaft**
	Salz, Pfeffer
	Zucker
½ Bund	**Schnittlauch**

Für den Salat:

2 Scheiben	**Roggenbrot**
1 EL	**Butter**
	Salz, Pfeffer
1	**Kopfsalat**
½ Bund	**Radieschen**

1 Den Joghurt mit Crème fraîche, Milch und Zitronensaft verrühren. Mit Salz, Pfeffer und 1 Prise Zucker würzen. Den Schnittlauch in feine Röllchen schneiden und untermischen.

2 Das Brot in ca. 1 cm große Würfel schneiden. Die Butter in einer Pfanne erhitzen und die Brotwürfel darin goldbraun braten. Die Croûtons auf Küchenpapier abtropfen lassen und mit Salz und Pfeffer würzen.

3 Den Salat putzen, waschen und trocken schleudern. Die dicken Blattrippen entfernen und die Blätter in grobe Stücke zupfen. Die Radieschen putzen, waschen und dabei ggf. einige schöne Radieschenblätter beiseitelegen. Die Radieschen in dünne Scheiben hobeln.

4 Salat, Radieschenblätter und Radieschen mit dem Dressing mischen und mit den Croûtons bestreuen.

Zubereitung ca. 20 Minuten I **Utensilien** Gemüsehobel, evtl. Salatschleuder I **Pro Portion** ca. 136 kcal, 5 g E, 7 g F, 12 g KH

HAMBURGER
LABSKAUS

FÜR 4 PORTIONEN

800 g	**Kartoffeln, mehligkochend**
	Salz, Pfeffer
150 g	**Frühstücksspeck**
200 g	**Zwiebeln**
3 EL	**Butter**
200 ml	**Milch**
1 Dose	**Corned Beef (340 g)**
250 g	**eingelegte Rote Bete**
	+ 150 ml Rote-Bete-Sud
	aus dem Glas
200 g	**Gewürzgurken**
1 Prise	**frisch geriebene Muskatnuss**
3 Stiele	**Petersilie**
2 EL	**Sonnenblumenöl**
4	**Eier (Größe M)**
4	**Rollmöpse**

Außerdem:
evtl. kleine Holzspieße

1 Die Kartoffeln schälen, vierteln und in kochendem Salzwasser ca. 20 Minuten garen. Inzwischen den Frühstücksspeck fein schneiden und in einer Pfanne ohne Fett knusprig braten. Die Zwiebeln schälen, fein würfeln und mit 1 EL Butter im Speckfett weich dünsten.

2 Die Milch erwärmen. Das Corned Beef, 150 g Rote Bete und 100 g Gewürzgurken in grobe Stücke schneiden und zu den gedünsteten Zwiebeln geben. 100 ml heiße Milch und den Rote-Bete-Sud hinzufügen und alles fein pürieren.

3 Die Kartoffeln abgießen, kurz ausdampfen lassen. Restliche Milch und restliche Butter dazugeben. Alles mit dem Kartoffelstampfer fein zerdrücken, mit Muskatnuss würzen. Die Rote-Bete-Mischung unterheben und alles bei milder Hitze erwärmen. Mit Salz und Pfeffer würzen (ggf. etwas Milch zufügen), warm halten.

4 Die restliche Rote Bete fein würfeln. Die restlichen Gewürzgurken längs in Spalten schneiden. Die Petersilienblättchen abzupfen und fein hacken. Das Öl in einer beschichten Pfanne erhitzen, die Eier darin 3–4 Minuten zu Spiegeleiern braten.

5 Das Labskaus anrichten, mit den Rote-Bete-Würfeln und den Petersilieblättchen bestreuen, mit Gewürzgurken, Spiegeleiern und Rollmöpsen (ggf. mit Holzspießchen fixieren) servieren.

Zubereitung ca. 1 Stunde | **Utensilien** Pürierstab, Kartoffelstampfer | **Pro Portion** ca. 852 kcal, 42 g E, 55 g F, 44 g KH

KRAUTSALAT
MIT KÜMMEL

FÜR 4 PORTIONEN

Für den Salat:
- 500 g **Spitzkohl**
- **Salz, Pfeffer**
- **Zucker**
- 3 Stiele **Petersilie**

Für das Dressing:
- 2 **kleine rote Zwiebeln**
- 1 TL **Kümmelsaat**
- 5 EL **Distelöl**
- 8 EL **Weißweinessig**
- 1 TL **mittelscharfer Senf**
- **Pfeffer**

1 Den Kohl waschen, putzen, vierteln und den Strunk keilförmig herausschneiden. Die Kohlviertel in sehr feine Streifen schneiden oder hobeln und in eine Schüssel geben. Mit je 1 TL Salz und Zucker bestreuen und mit den Händen ca. 5 Minuten durchkneten.

2 Die Zwiebeln schälen, halbieren und längs in feine Streifen schneiden. Den Kümmel in einem Topf ohne Fett bei starker Hitze kurz anrösten, bis er duftet. Öl, Essig und Zwiebeln zugeben und heiß werden lassen. Senf und etwas Pfeffer mit einem Schneebesen unterrühren.

3 Das Dressing über den Kohl gießen und kurz abkühlen lassen. Anschließend die Kohlmischung 2–3 Minuten durchkneten. Den Salat zudecken und ca. 1 Stunde bei Zimmertemperatur ziehen lassen. Die Petersilienblättchen abzupfen, fein hacken und untermischen. Den Salat evtl. nachwürzen und servieren.

TIPP: Der Krautsalat schmeckt solo hervorragend. Er passt aber auch zum großen Braten, etwa zu Krustenbraten (siehe Seite 99 und Video unten), zu Steaks, Koteletts oder Fisch vom Grill.

Deftiges Sommergericht gesucht?
Dann servieren Sie den
Krautsalat doch mal hierzu:

**KRUSTENBRATEN
VOM GRILL**

edeka.de/krustenbraten

Zubereitung ca. 25 Minuten + 1 Stunde Marinierzeit **I Utensilien** evtl. Gemüsehobel, Schneebesen **I Pro Portion** ca. 204 kcal, 2 g E, 15 g F, 8 g KH

IN FRANKFURT

... gibt man sich gerne international. Gegessen wird trotzdem regional.
Berühmt sind die Frankfurter Würstchen und die „Grie Soß" –
die grüne Sauce (siehe rechts). In ganz Hessen liebt man Gerichte
mit simplen heimischen Zutaten wie Speck, Quark oder
luftgetrockneter Wurst. Auch Äpfel sind im Hessischen in aller
Munde, zum Beispiel als süffiger „Ebbelwoi" (Apfelwein).

GRÜNE SAUCE
& SENFSAUCE

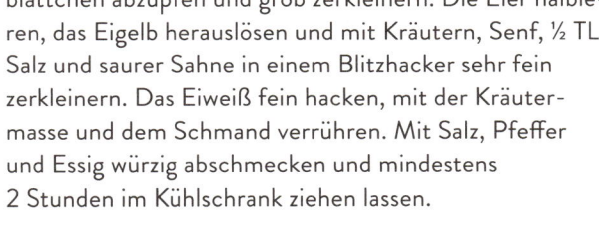

FÜR 4 PORTIONEN

Für die grüne Sauce:

2	**Eier (Größe M)**
400 g	**Kräuter für Frankfurter Grüne Sauce (z. B. Borretsch, Kerbel, Kresse, Petersilie, Pimpinelle, Sauerampfer und Schnittlauch, ersatzweise je 2 Bund glatte Petersilie und Schnittlauch + 1 Beet Kresse)**
1 TL	**mittelscharfer Senf**
	Salz, Pfeffer
200 g	**saure Sahne**
500 g	**Schmand**
2 TL	**Apfelessig**

Für die Senfsauce:

2 EL	**Butter**
1 ½ EL	**Mehl**
250 ml	**Gemüsebrühe**
100 ml	**Schlagsahne**
2 TL	**körniger Senf**
3–4 TL	**mittelscharfer Senf**
	Salz, Pfeffer
1 Prise	**Zucker**

Außerdem:

800 g	**Kartoffeln**
	Salz
6	**Eier (Größe M)**

1 Für die grüne Sauce die Eier in kochendem Wasser hart kochen, abschrecken und pellen. Die Kräuterblättchen abzupfen und grob zerkleinern. Die Eier halbieren, das Eigelb herauslösen und mit Kräutern, Senf, ½ TL Salz und saurer Sahne in einem Blitzhacker sehr fein zerkleinern. Das Eiweiß fein hacken, mit der Kräutermasse und dem Schmand verrühren. Mit Salz, Pfeffer und Essig würzig abschmecken und mindestens 2 Stunden im Kühlschrank ziehen lassen.

2 Für die Senfsauce die Butter in einem Topf zerlassen. Das Mehl dazugeben und unter Rühren bei mittlerer Hitze aufschäumen. Gemüsebrühe und Sahne nach und nach einrühren, aufkochen und bei milder Hitze ca. 15 Minuten unter gelegentlichem Rühren köcheln. Die Sauce mit grobem Senf, mittelscharfem Senf, Salz, Pfeffer und Zucker würzen. Danach nicht mehr aufkochen lassen.

3 Die Kartoffeln schälen, waschen und vierteln. In einem Topf mit kaltem Wasser bedecken, salzen, aufkochen und zugedeckt bei mittlerer Hitze 20–25 Minuten garen. Die Eier in kochendem Wasser ca. 6 Minuten wachsweich kochen. Anschließend abschrecken, pellen und halbieren. Die Kartoffeln abgießen und zusammen mit der Senfsauce, der grünen Sauce und den Eiern servieren.

Zubereitung ca. 45 Minuten + mind. 2 Stunden Ziehzeit I **Utensilien** Blitzhacker I **Pro Portion** ca. 839 kcal, 27 g E, 60 g F, 45 g KH

BIRNEN, BOHNEN & SPECK

FÜR 4 PORTIONEN

- 2 **Zwiebeln**
- 750 g **durchwachsener Speck am Stück**
- 1 EL **Butterschmalz**
- 800 g **Kartoffeln, vorwiegend festkochend**
- **Salz, Pfeffer**
- 600 g **grüne Bohnen**
- 4 Stiele **Bohnenkraut**
- 4 **Kochbirnen oder kleine reife Birnen**
- 1 EL **Mehl**
- 4 Stiele **Petersilie**

1 Die Zwiebeln schälen, halbieren und fein würfeln. Vom Speck zunächst die Schwarte abschneiden und beiseitelegen, danach den Speck quer in ca. 1 cm dicke Scheiben schneiden.

2 Das Butterschmalz in einem Bräter oder großen Topf erhitzen. Zwiebeln, Speck und Speckschwarte darin andünsten. 1 l heißes Wasser dazugießen, alles aufkochen und bei milder bis mittlerer Hitze ca. 20 Minuten köcheln.

3 In der Zwischenzeit die Kartoffeln schälen, waschen und halbieren. In einem hohen Topf mit kaltem Wasser bedecken, salzen und aufkochen. In ca. 20 Minuten weich kochen.

4 Die Bohnen waschen und putzen. Das Bohnenkraut hacken. Die Birnen waschen, mit den Bohnen zum Speck geben und alles ca. 5 Minuten kochen. Das Bohnenkraut hinzufügen und weitere ca. 5 Minuten kochen. Anschließend die Speckschwarte entfernen.

5 Das Mehl mit 5 EL kaltem Wasser verrühren, zum Bohnen-Mix geben, aufkochen und ca. 5 Minuten leicht köcheln. Mit Salz und Pfeffer abschmecken. Die Petersilienblättchen abzupfen und fein hacken. Birnen, Bohnen und Speck servieren, die Birnen dabei nach Belieben ganz lassen oder halbieren. Die Kartoffeln abgießen und dazu geben. Alles mit der Petersilie bestreuen.

Zubereitung ca. 45 Minuten I **Utensilien** evtl. Bräter I **Pro Portion** ca. 1.288 kcal, 23 g E, 110 g F, 50 g KH

ACH SO!
Dieses Trio spaltet die Nation: An der Küste
sind „Gröön Hinnerk" bzw. „Grön Heini"
das größte Glück. Woanders schüttelt man den
Kopf über den fruchtig-salzigen Eintopf.
Bis zum ersten Bissen …

WIE MACHT MAN EIGENTLICH EINE
VINAIGRETTE?

Zutaten mischen, würzen, fertig? Etwas liebevoller möchte die
klassischste aller Salatsaucen schon behandelt werden. Wer Essig
und Öl im Verhältnis 1:3 verwendet und alles kräftig schlägt,
erhält ein ausgewogenes Aroma und eine geschmeidige Konsistenz.

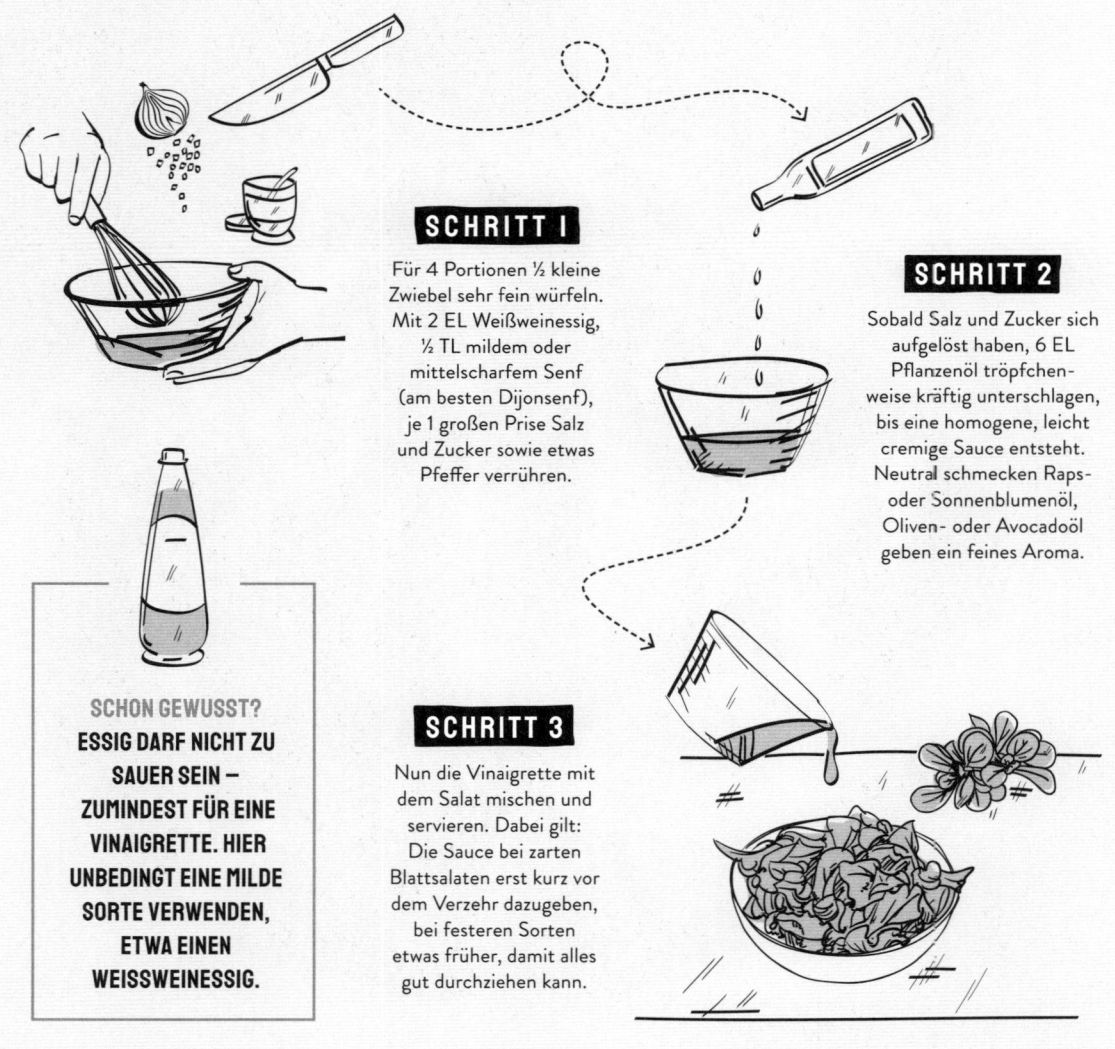

SCHRITT 1

Für 4 Portionen ½ kleine
Zwiebel sehr fein würfeln.
Mit 2 EL Weißweinessig,
½ TL mildem oder
mittelscharfem Senf
(am besten Dijonsenf),
je 1 großen Prise Salz
und Zucker sowie etwas
Pfeffer verrühren.

SCHRITT 2

Sobald Salz und Zucker sich
aufgelöst haben, 6 EL
Pflanzenöl tröpfchen-
weise kräftig unterschlagen,
bis eine homogene, leicht
cremige Sauce entsteht.
Neutral schmecken Raps-
oder Sonnenblumenöl,
Oliven- oder Avocadoöl
geben ein feines Aroma.

SCHON GEWUSST?
**ESSIG DARF NICHT ZU
SAUER SEIN –
ZUMINDEST FÜR EINE
VINAIGRETTE. HIER
UNBEDINGT EINE MILDE
SORTE VERWENDEN,
ETWA EINEN
WEISSWEINESSIG.**

SCHRITT 3

Nun die Vinaigrette mit
dem Salat mischen und
servieren. Dabei gilt:
Die Sauce bei zarten
Blattsalaten erst kurz vor
dem Verzehr dazugeben,
bei festeren Sorten
etwas früher, damit alles
gut durchziehen kann.

FELD-SALAT
MIT SPECK

FÜR 4 PORTIONEN

Für den Salat:

150 g	**Feldsalat**
50 g	**Walnusskerne**
75 g	**durchwachsener Speck in Scheiben**
1 EL	**Olivenöl**

Für das Dressing:

1	**Schalotte**
3 EL	**heller Balsamicoessig**
2–3 TL	**Ahornsirup**
1 TL	**mittelscharfer Senf Salz, Pfeffer**
4 EL	**Olivenöl**
4 Stiele	**Kerbel**

MACH'S VEGETARISCH

Statt Speck gebratene Pilze wie Pfifferlinge oder Kräuterseitlinge zum Salat geben.

1 Den Feldsalat putzen, gründlich waschen und trocken schleudern. Die Walnusskerne grob hacken, den Speck fein würfeln. 1 EL Öl in einer Pfanne erhitzen und den Speck darin knusprig auslassen. Die Walnusskerne dazugeben und unter Wenden goldbraun rösten. Den Speck und die Walnusskerne aus der Pfanne nehmen, dabei das Fett in der Pfanne lassen.

2 Für das Dressing die Schalotte schälen und fein würfeln. Die Schalottenwürfel im heißen Speckfett glasig andünsten. Den Essig mit Ahornsirup, Senf, etwas Salz und Pfeffer sowie 3 EL Wasser verrühren. Unter Rühren nach und nach das Öl zugeben, anschließend die Schalottenwürfel untermischen. Die Kerbelblättchen abzupfen, fein hacken und untermischen.

3 Den Feldsalat vorsichtig mit der Vinaigrette mischen, danach mit der Speck-Walnuss-Mischung bestreuen und sofort servieren.

Zubereitung ca. 15 Minuten | **Utensilien** evtl. Salatschleuder | **Pro Portion** ca. 367 kcal, 5 g E, 35 g F, 7 g KH

MAULTASCHEN
MIT SALAT

FÜR 4 PORTIONEN

Für die Maultaschen:
230 g	**Mehl**
20 g	**Hartweizengrieß**
	Salz, Pfeffer
1 EL	**neutrales Öl**
4	**Eier (Größe M)**
2	**Brötchen vom Vortag**
100 ml	**Schlagsahne**
350 g	**Zwiebeln**
5 EL	**Butter**
1 Bund	**Petersilie (ca. 70 g)**
	Zucker
300 g	**gemischtes Hackfleisch**
200 g	**feines Bratwurstbrät**
1–2 EL	**Semmelbrösel**
1 Prise	**frisch geriebene Muskatnuss**
1 TL	**getrockneter Majoran**
1 Bund	**Schnittlauch**

Für den Salat:
1	**Kopfsalat**
½ Bund	**Schnittlauch**
4 Stiele	**Petersilie**
2 Stiele	**Dill**
5 Stiele	**Kerbel**
5 EL	**Traubenkernöl**
1 TL	**Senf**
3 EL	**Apfelessig**
1 TL	**Honig**
	Salz, Pfeffer

Außerdem:
Frischhaltefolie oder Bienenwachstuch

1 Mehl, Grieß, 1 Prise Salz und Öl mischen. Mit 2 Eiern zum glatten, festen Teig kneten (ggf. 1 EL Wasser zugeben), zur Kugel formen, flach drücken. In Folie oder ein Bienenwachstuch gewickelt ca. 45 Minuten kalt stellen.

2 Brötchen in dünne Scheiben schneiden und in eine Schüssel geben. Sahne erhitzen, über die Brötchen gießen. 150 g Zwiebeln schälen und fein würfeln. 2 EL Butter in einer Pfanne erhitzen, Zwiebeln darin glasig dünsten. Petersilie mit Stielen hacken, 2–4 Minuten mitdünsten. Mit Salz, Pfeffer und 1 Prise Zucker würzen, dann abkühlen lassen.

3 Hack mit Brät, Brötchen, Bröseln, 2 Eiern und der Zwiebelmischung in einer Schüssel zu einer geschmeidigen Masse verkneten. Kräftig mit Salz, Pfeffer, Muskat und Majoran würzen und zugedeckt kalt stellen.

4 Den Teig in 2 Stücke teilen, auf einer bemehlten Arbeitsfläche zu 2 Bahnen à ca. 50 x 30 cm ausrollen. Jede Bahn auf ein Küchentuch geben. Jeweils die Hälfte der Füllung auf eine Teigbahn geben, glatt streichen. Teig mithilfe des Küchentuchs zur kürzeren Seite locker aufrollen. Mit einem Kochlöffelstiel in je 6 gleich große Quadrate teilen, den Teig dabei fest andrücken. Die Quadrate mit einem Messer ausschneiden. Der Teig muss die Füllung nicht vollständig umschließen, sie hat genug Bindung, um nicht auseinanderzufallen.

5 Die restlichen Zwiebeln schälen und in feine Würfel schneiden. 3 EL Butter in einem Topf schmelzen. Die Zwiebeln darin unter häufigem Rühren hellbraun braten. 1 Bund Schnittlauch in feine Röllchen schneiden. Reichlich Salzwasser in einem Topf zum Kochen bringen. Die Maultaschen darin 8–10 Minuten gar ziehen lassen.

6 Den Salat putzen, waschen und trocken schleudern. ½ Bund Schnittlauch in Röllchen schneiden, die restlichen Kräuter fein schneiden. Öl mit Senf, Essig, Honig, Salz und Pfeffer verrühren, mit Salat und Kräutern vermengen. Die Maultaschen aus dem Topf heben, abtropfen lassen und auf Teller verteilen. Zwiebeln und Butter darübergeben, mit Schnittlauch bestreuen. Dazu den Salat reichen.

Zubereitung ca. 2 Stunden I **Utensilien** Nudelholz, Kochlöffel, evtl. Salatschleuder I **Pro Portion** ca. 1.100 kcal, 40 g E, 74 g F, 67 g KH

1

GURKEN-SALAT
MIT VINAIGRETTE

FÜR 4 PORTIONEN

1 1 **Salatgurke** schälen und in dünne Scheiben hobeln. Anschließend leicht **salzen** und ca. 5 Minuten ziehen lassen.

2 1 **Schalotte** schälen und fein würfeln. Die Fähnchen von **4 Stielen Dill** abzupfen und fein schneiden. Beides in einer Schüssel mit **2 EL Weißweinessig, 1 Prise Zucker, Pfeffer** und **3 EL Sonnenblumenöl** verrühren. Die Gurkenscheiben leicht ausdrücken, untermischen und alles mit **Salz** und **Pfeffer** abschmecken. Für eine klassische Vinaigrette siehe auch Seite 46.

Zubereitung ca. 10 Minuten I **Utensilien** Gemüsehobel I **Pro Portion** ca. 95 kcal, 1 g E, 9 g F, 2 g KH

2

GURKEN-SALAT
MIT SAURER SAHNE

FÜR 4 PORTIONEN

1 1 **Salatgurke** schälen und in dünne Scheiben hobeln. Anschließend leicht **salzen** und ca. 5 Minuten ziehen lassen.

2 100 g saure Sahne in einer Schüssel mit **2 EL Essig, 1 TL Zucker** und **Pfeffer aus der Mühle** kräftig verrühren. Die Gurkenscheiben leicht ausdrücken, unter das Dressing mischen und alles mit **Salz** und **Essig** abschmecken. Frischen **Pfeffer** darübermahlen.

TIPP: Auch hierzu passt fein geschnittener Dill oder eine Mischung aus glatter Petersilie und Minze. Alternativ zu den gehobelten Scheiben die Gurke schälen, längs halbieren, mit einem Teelöffel entkernen und in ca. 5 mm dicke Halbringe schneiden.

Zubereitung ca. 10 Minuten I **Utensilien** Gemüsehobel I **Pro Portion** ca. 39 kcal, 1 g E, 3 g F, 2 g KH

NUDELSALAT
MIT ERBSEN

FÜR 6 PORTIONEN

150 g	**Hörnchennudeln**
	Salz, Pfeffer
100 g	**TK-Erbsen**
1	**rote Paprika**
1 dicke Scheibe	**Kochschinken**
	(ca. 80 g)
80 g	**Butterkäse**
60 g	**Cornichons**
1 Dose	**Mais (150 g**
	Abtropfgewicht)
50 g	**Salatmayonnaise**
200 g	**Vollmilchjoghurt**
1 Prise	**Zucker**
	Cayennepfeffer
8 EL	**Cornichon-Sud**
½ Beet	**Gartenkresse**

1 Die Nudeln nach Packungsanleitung in kochendem Salzwasser garen. Die Erbsen ca. 1 Minute vor Ende der Garzeit dazugeben und mitkochen. Anschließend alles in ein Sieb gießen, kurz mit kaltem Wasser abschrecken und gut abtropfen lassen. Die Paprika waschen, putzen, vierteln und fein würfeln. Den Schinken, den Butterkäse und die Cornichons ebenfalls fein würfeln. Den Mais abtropfen lassen.

2 Salatmayonnaise, Joghurt, Salz, Pfeffer, Zucker, Cayennepfeffer und Cornichon-Sud verrühren. Nudeln, Erbsen, Paprika, Schinken, Käse, Cornichons und Mais untermischen. Alles ca. 15 Minuten bei Zimmertemperatur ziehen lassen. Den Salat nochmals abschmecken. Die Kresse vom Beet schneiden und über den Salat streuen.

TIPP: Im Sommer kann man statt TK-Erbsen natürlich auch frische verwenden. Dazu die Erbsen erst aus den Schoten lösen, dann in kochendem Salzwasser ca. 5–6 Minuten garen. Abschrecken und in einem Sieb abtropfen lassen.

Auch hier sind Erbsen drin,
und zwar im Pesto.
Unbedingt probieren!

**VEGANER
NUDELSALAT**

edeka.de/nudelsalat

Zubereitung ca. 20 Minuten **I Utensilien** Sieb **I Pro Portion** ca. 255 kcal, 11 g E, 13 g F, 22 g KH

ACH SO!
Fingernudeln, Bubaspitzle, Dradewixpfeiferl
– was für Namen. Die Ursprungsbezeichnung
ist reine Formsache: „Schupfen" heißt
im Süddeutschen „wegrollen mit der
gewölbten Hand".

SCHUPFNUDELN
MIT SAUERKRAUT

FÜR 6 PORTIONEN

Für das Sauerkraut:

2	**Zwiebeln**
200 g	**durchwachsener Speck**
3 EL	**Sonnenblumenöl**
2 TL	**Zucker**
1 Dose	**Sauerkraut (ca. 810 g)**
300 ml	**Fleischbrühe**
3	**Lorbeerblätter**
5	**Wacholderbeeren**
	Salz, Pfeffer

Für die Schupfnudeln:

750 g	**Kartoffeln, mehligkochend**
	Salz
30 g	**Speisestärke**
60 g	**Hartweizengrieß**
	+ etwas zum Formen
100 g	**Mehl + etwas zum Formen**
	frisch geriebene Muskatnuss
1	**Ei (Größe M)**
2 EL	**Sonnenblumenöl**
1 EL	**Butter**
1 Bund	**Schnittlauch**

MACH'S VEGETARISCH
Speck muss nicht sein!
Die Fleischbrühe gegen
Gemüsebrühe tauschen.

1 Die Zwiebeln schälen, halbieren und in Streifen schneiden. Den Speck in Streifen schneiden. 3 EL Öl in einem weiten Topf erhitzen und den Speck darin hellbraun anbraten. Die Zwiebeln zugeben und glasig braten. Den Zucker hinzufügen und leicht karamellisieren. Das Sauerkraut mit dem Sud unterrühren. Brühe, Lorbeerblätter und Wacholderbeeren dazugeben. Alles mit Salz und Pfeffer würzen, aufkochen und zugedeckt bei milder bis mittlerer Hitze ca. 90 Minuten schmoren.

2 Die Kartoffeln waschen, in einem Topf mit kaltem Wasser bedecken, salzen, aufkochen. Zugedeckt bei mittlerer Hitze 25–30 Minuten garen. Danach abgießen und im offenen Topf ausdampfen lassen, bis die Schale trocken ist. Die Kartoffeln pellen und noch heiß zweimal durch eine Kartoffelpresse drücken, dann vollständig abkühlen lassen.

3 Die Stärke mit dem Grieß, dem Mehl, etwas Salz und Muskat über die Kartoffeln streuen und locker mit den Händen unterheben. Das Ei mit einer Gabel untermischen und alles zügig zu einem Teig zusammendrücken. Ist er zu feucht, etwas mehr Mehl unterarbeiten.

4 Etwas Mehl und Grieß dünn auf ein Backblech streuen. Aus dem Teig mit einem Löffel walnussgroße Portionen abstechen. Zwischen den Händen oder durch Rollen auf der Arbeitsfläche mit der gewölbten Hand zu Schupfnudeln formen. Auf das Blech geben, mit etwas Mehl und Grieß bestreuen und vorsichtig in der Mischung wälzen.

5 In einem großen Topf Wasser aufkochen und salzen. Die Schupfnudeln in 2 Portionen hineingeben und bei mittlerer Hitze jeweils ca. 3 Minuten darin gar ziehen lassen. Die Schupfnudeln mit einem Schaumlöffel aus dem Wasser heben, in einem Sieb kalt abschrecken und gut abtropfen lassen. 2 EL Öl und die Butter in einer großen Pfanne erhitzen. Die Schupfnudeln darin rundherum goldbraun braten.

6 Schnittlauch in Röllchen schneiden. Sauerkraut mit Salz und Pfeffer abschmecken, Lorbeerblätter und Wacholderbeeren entfernen. Kraut und Schupfnudeln anrichten, mit Schnittlauch bestreuen.

Zubereitung ca. 2 Stunden I **Utensilien** Kartoffelpresse, Schaumlöffel, Sieb I **Pro Portion** ca. 550 kcal, 11 g E, 35 g F, 48 g KH

ROSENKOHL-AUFLAUF

FÜR 4 PORTIONEN

1 EL	**Butter**
700 g	**Rosenkohl**
500 g	**Kartoffeln, vorwiegend festkochend**
	Salz, Pfeffer
2	**rote Zwiebeln**
150 g	**Cabanossi**
5 Stiele	**glatte Petersilie**
200 ml	**Schlagsahne**
5	**Eier (Größe M)**
	frisch geriebene Muskatnuss
100 g	**geröstete und gesalzene Mandelkerne**

1 In einem großen Topf Wasser aufkochen. In der Zwischenzeit den Backofen auf 200 Grad (Umluft 180) vorheizen. Mit der Butter eine Auflaufform (ca. 30 x 20 cm) ausfetten.

2 Den Rosenkohl putzen, waschen, am Strunk kreuzweise einritzen. Die Kartoffeln schälen und in ½ cm dicke Scheiben schneiden. Das kochende Wasser salzen und den Rosenkohl darin ca. 3 Minuten garen. Die Kartoffeln dazugeben und alles weitere ca. 2 Minuten garen. Das Gemüse in ein Sieb abgießen und gut abtropfen lassen.

3 Die Zwiebeln schälen, halbieren und in Spalten schneiden. Die Cabanossi würfeln. Die Petersilienblättchen abzupfen und hacken. Sahne und Eier in einer Schüssel kräftig verquirlen, mit Salz, Pfeffer und Muskat würzen. Die Hälfte der Petersilie unterrühren.

4 Das vorbereitete Gemüse, die Zwiebeln und die Cabanossi in der Auflaufform verteilen. Die Eiersahne darübergießen und alles im heißen Ofen auf der mittleren Schiene ca. 15 Minuten backen.

5 Die Mandeln grob hacken, über den Auflauf streuen und alles weitere ca. 15 Minuten backen. Mit der restlichen Petersilie bestreuen und sofort servieren.

MACH'S VEGETARISCH
Statt Cabanossi bringen auch getrocknete, in Öl eingelegte Tomaten Würze. Am besten in Streifen schneiden.

Zubereitung ca. 1 Stunde | **Utensilien** Sieb, Auflaufform (ca. 30 x 20 cm) | **Pro Portion** ca. 726 kcal, 30 g E, 54 g F, 29 g KH

WACHSBOHNEN-SALAT

FÜR 4 PORTIONEN

500 g	**Wachsbohnen**
	Salz, Pfeffer
250 g	**Strauchtomaten**
250 g	**Pfifferlinge**
1	**rote Zwiebel**
1	**Knoblauchzehe**
6 Stiele	**Bohnenkraut**
3 EL	**Sonnenblumenöl**
4 EL	**Weißweinessig**
	Zucker
5 EL	**Olivenöl**
5 Stiele	**Basilikum**

1 Die Bohnen waschen, putzen, halbieren und in kochendem Salzwasser 8–10 Minuten bissfest garen. Anschließend abgießen, abschrecken und abtropfen lassen. Die Tomaten waschen, die Stielansätze herausschneiden und das Fruchtfleisch in Spalten schneiden.

2 Die Pfifferlinge putzen und die großen Pilze halbieren. Die Zwiebel und den Knoblauch schälen. Die Zwiebel in dünne Ringe schneiden, den Knoblauch pressen oder sehr fein hacken. Die Bohnenkrautblättchen abzupfen und fein hacken. Das Sonnenblumenöl in einer großen beschichteten Pfanne erhitzen. Die Pfifferlinge darin in 2 Portionen scharf anbraten. Anschließend alle Pilze in die Pfanne geben, die Zwiebeln, den Knoblauch und das Bohnenkraut hinzufügen und ca. 3 Minuten weiterbraten. Mit Salz und Pfeffer würzen.

3 Den Essig mit etwas Salz, Pfeffer, 1 Prise Zucker und dem Olivenöl gut verrühren. Bohnen, Tomaten und die Pfifferlingmischung vorsichtig mit der Vinaigrette mischen und alles ca. 15 Minuten bei Zimmertemperatur ziehen lassen.

4 Die Basilikumblättchen abzupfen und grob zerzupfen. Den Salat evtl. nachwürzen, mit Basilikum und Pfeffer bestreut servieren. Dazu passt frisches Baguette.

TIPP: **Fleischliebhaber:innen können den Salat mit kaltem, dünn aufgeschnittenem Braten, z. B. von Schwein oder Kalb, servieren.**

Zubereitung ca. 45 Minuten **I Utensilien** evtl. Knoblauchpresse **I Pro Portion** ca. 273 kcal, 5 g E, 25 g F, 6 g KH

GRÜNKOHL
MIT WURST

1 Den Grünkohl gründlich waschen und in reichlich kochendem Wasser ca. 3 Minuten kochen. Danach abgießen, mit viel kaltem Wasser abschrecken, gut abtropfen lassen und kräftig ausdrücken.

2 Die Zwiebeln schälen und fein würfeln. 2 EL Schmalz in einem Bräter erhitzen und die Zwiebeln darin glasig dünsten. Den Grünkohl dazugeben und kurz mitdünsten. Die Brühe zugießen und aufkochen. Den Kasslernacken und den Speck hinzufügen und alles zugedeckt ca. 45 Minuten garen.

3 Inzwischen die Kartoffeln mit Kümmel und Lorbeerblättern in einen Topf geben, mit kaltem Wasser bedecken, salzen, aufkochen und ca. 20 Minuten garen. Anschließend abgießen, kalt abschrecken und pellen.

4 Die Kohlwürste 15 Minuten vor Ende der Garzeit zum Grünkohl geben und mitgaren.

5 Restliches Schmalz in einer großen Pfanne erhitzen und die Pellkartoffeln darin bei mittlerer Hitze rundherum hellbraun braten, dabei salzen. Die Semmelbrösel zugeben, die Kartoffeln mit dem Zucker bestreuen und karamellisieren lassen.

6 Kassler, Speck und Kohlwürste aus dem Grünkohl nehmen. Die Haferflocken unterrühren. Den Kohl mit Salz, Pfeffer und Senf würzen, mit Kassler, Speck, Würsten und den Kartoffeln servieren.

FÜR 6 PORTIONEN

Für den Grünkohl:

1 kg	**geputzter Grünkohl**
5	**Zwiebeln**
3 EL	**Schweine- oder Gänseschmalz**
1 l	**Gemüsebrühe**
700 g	**Kasslernacken**
300 g	**durchwachsener Speck am Stück**
6	**Kohlwürste (à 100 g)**
3 EL	**zarte Haferflocken**
	Salz, Pfeffer
2 EL	**mittelscharfer Senf**

Für die Kartoffeln:

1,25 kg	**kleine Kartoffeln, festkochend**
2 EL	**Kümmelsaat**
2	**Lorbeerblätter**
	Salz
2 EL	**Semmelbrösel**
1 EL	**Zucker**

Zubereitung ca. 1 Stunde 20 Minuten I **Utensilien** Sieb, Bräter I **Pro Portion** ca. 1.213 kcal, 57 g E, 87 g F, 45 g KH

IM OLDENBURGER LAND

... wird Grünkohl in großen Mengen angebaut – und auf Kohlfahrten mit Bollerwagen und Schnaps gefeiert! Die Stadt Oldenburg streitet gern mit Bremen um das krause Gemüse: Beide bezeichnen es als eigene Spezialität. Gekocht wird die „Oldenburger Palme", wie die Einheimischen den Kohl nennen, meist klassisch mit Pinkel (Grützwurst).

BAUERNFRÜHSTÜCK
MIT GÜRKCHEN

FÜR 4 PORTIONEN

800 g	**mittelgroße Kartoffeln, festkochend**
	Salz, Pfeffer
150 g	**Zwiebeln**
100 g	**durchwachsener Speck**
5 EL	**Sonnenblumenöl**
1–2 EL	**Butter**
½ TL	**getrockneter Majoran**
4	**Eier (Größe M)**
3 EL	**Milch**
1 Prise	**frisch geriebene Muskatnuss**
80 g	**Cornichons**
½ Bund	**Schnittlauch**

1 Die Kartoffeln am besten am Vortag kochen. Dafür die Kartoffeln gut waschen, in einem Topf mit kaltem Wasser bedecken, salzen und aufkochen. Zugedeckt bei mittlerer Hitze, je nach Größe, 20–25 Minuten garen. Anschließend abgießen und abkühlen lassen.

2 Die kalten Kartoffeln pellen und in Scheiben schneiden. Die Zwiebeln schälen, halbieren und in Streifen schneiden. Den Speck fein würfeln. 2 EL Öl in einer Pfanne erhitzen, die Speckwürfel darin kross ausbraten und herausnehmen. Die Zwiebeln ins Speckfett geben, 8–10 Minuten goldbraun anbraten, salzen und herausnehmen.

3 Restliches Öl in die Pfanne geben, die Kartoffeln darin portionsweise 3–4 Minuten goldbraun anbraten. Erst wenden, wenn die Unterseite der Kartoffeln gebräunt ist. Etwas Butter dazugeben. Die Kartoffeln 7–8 Minuten braten. Mit Salz, Pfeffer und Majoran würzen.

4 Die Eier mit Milch, etwas Salz, Pfeffer und Muskat verquirlen. Speck und Zwiebeln unter die Kartoffeln mischen, die Eiermilch gleichmäßig darüber verteilen und bei mittlerer Hitze 3–4 Minuten stocken lassen. Dabei vorsichtig mit dem Pfannenwender von außen nach innen zusammenschieben, damit die Eimasse gleichmäßig stockt.

5 Die Cornichons in Scheiben, den Schnittlauch in feine Röllchen schneiden. Das Bauernfrühstück mit Cornichons und Schnittlauch bestreut servieren. Dazu passt ein milder Gewürzketchup.

MACH'S VEGETARISCH
Statt Speck Räuchertofuwürfel in Öl knusprig braten.

Ob zum Sonntagsfrühstück oder für Gäste – diese Variante ist für eine Überraschung gut:

BAUERNFRÜHSTÜCK IM WECKGLAS

edeka.de/bauernfruehstueck

Zubereitung ca. 1 Stunde + Abkühlzeit | **Pro Portion** ca. 578 kcal, 14 g E, 43 g F, 33 g KH

PELL-KARTOFFELN
MIT QUARK

I Die Kartoffeln gut waschen bzw. schrubben. Mit Kümmel und Lorbeerblättern in einen Topf geben, mit kaltem Wasser bedecken, salzen und aufkochen. Bei mittlerer Hitze 20–25 Minuten garen.

2 Den Quark in eine Schüssel geben und mit einem Schneebesen glatt rühren. Das Mineralwasser nach und nach zugeben und kräftig unter den Quark rühren. 2 EL Leinöl unterrühren und den Quark mit Salz und Pfeffer würzen.

3 Petersilien- und Kerbelblättchen sowie Dillfähnchen abzupfen und fein schneiden. Den Schnittlauch in feine Röllchen schneiden. Die Lauchzwiebel putzen, waschen und in feine Scheiben schneiden. Zusammen mit den Kräutern unter den Quark rühren. Mit Salz und Pfeffer abschmecken. Mit dem restlichen Öl beträufeln.

4 Die Kartoffeln abgießen und kurz ausdampfen lassen. Mit dem Kräuterquark servieren.

FÜR 4 PORTIONEN

1,5 kg	**Kartoffeln, vorwiegend festkochend**
2 EL	**Kümmelsaat**
2	**Lorbeerblätter**
	Salz, Pfeffer
750 g	**Magerquark**
50 ml	**Mineralwasser mit Kohlensäure**
4 EL	**Leinöl**
8 Stiele	**glatte Petersilie**
5 Stiele	**Kerbel**
5 Stiele	**Dill**
1 Bund	**Schnittlauch**
1	**Lauchzwiebel**

Zubereitung ca. 35 Minuten I **Utensilien** Schneebesen I **Pro Portion** ca. 519 kcal, 34 g E, 13 g F, 63 g KH

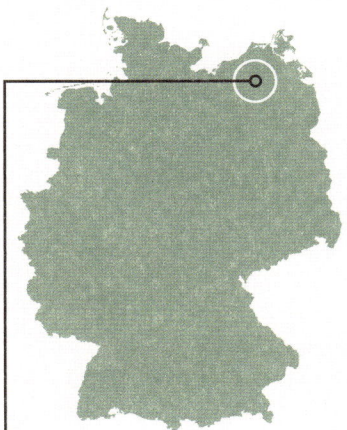

ANBAUREGION

Die Böden bei Selow in Mecklenburg-Vorpommern sind mit ihrem Lehm- und Humusanteil ideal für Kartoffeln. Wasser wird hier gut gespeichert – künstliche Bewässerung entfällt.

GANZHEITLICH

Anna Propp von hufe8 denkt in Kreisläufen: „Die Kartoffel ist nur ein Teil des Ganzen." Wichtig ist die Symbiose von Ackerbau und Tierhaltung.

GUT GEERDET

Kartoffelweltmeister sind wir nicht – wir liegen im Mittelfeld in puncto Verzehr. Statt Menge ist uns eben Genuss wichtiger, das zeigen unsere Kartoffelgerichte: Fast nirgendwo findet man so viele regionale!

E s hat gedauert, bis die Kartoffel in unseren Haushalten landete. Anfangs war sie nur in botanischen Gärten wegen ihrer Blüten gefragt, erst Friedrich der Große rief zum Anbau auf. Heute isst jede:r Deutsche fast 60 Kilogramm Kartoffeln pro Jahr – allerdings fast die Hälfte in Form verarbeiteter Produkte wie Pommes oder Chips. Während die schon das eine oder andere Gramm Fett mehr liefern, ist die pure Kartoffel kalorienarm, vor allem im Vergleich zu anderen Beilagen. In der Küche unterscheidet man nach Kocheigenschaften: Festkochende sind ideal für Salat und Bratkartoffeln, vorwiegend festkochende sind Allrounder. Für Püree oder Knödel zu mehligkochenden greifen. Beim Kauf sollten Kartoffeln fest und trocken sein. Etwas Erde ist okay. Bei hufe8 ist das sogar Programm! Der landwirtschaftliche Betrieb in Mecklenburg-Vorpommern, der EDEKA seit 2019 beliefert, verkauft seine Knollen ungewaschen – dadurch sind sie haltbarer. Produziert wird rund um die 200 Jahre alte Hofstätte nach Demeter-Richtlinien. So gehen nach Biodynamischer Wirtschaftsweise erzeugte Kartoffeln in den Verkauf. Mit sattgelbem Fruchtfleisch und ursprünglichem Geschmack, wie man ihn nur aus Omas Garten kennt.

4–12
GRAD
ist die optimale Lagertemperatur für Kartoffeln.

WACHSTUM

Die Kartoffelpflanze bildet unterirdisch oder knapp über der Oberfläche Sprossen, an denen die Knollen wachsen. Ihr Kraut zeigt den Entwicklungsstand: Ist es noch grün, wachsen die Kartoffeln noch.

EIERSALAT
MIT RADIESCHEN UND APFEL

FÜR 4 PORTIONEN

Für den Salat:

6	**Eier (Größe M)**
2	**Gewürzgurken**
1	**kleiner Apfel**
1–2 TL	**Weißweinessig**
1 Stange	**Sellerie**
5	**Radieschen**
	Salz, Pfeffer aus der Mühle
½ Bund	**Schnittlauch**

Für das Dressing:

100 g	**Mayonnaise**
100 g	**Vollmilchjoghurt**
50 g	**Crème fraîche**
1 TL	**Senf**
2 EL	**Gurkensud (von den Gewürzgurken)**
	Salz, Pfeffer

1 Die Eier in kochendem Wasser in ca. 10 Minuten hart kochen. Anschließend abgießen, kalt abschrecken und abkühlen lassen.

2 Die Mayonnaise mit Joghurt, Crème fraîche, Senf und Gurkensud in einer Schüssel verrühren. Mit Salz und Pfeffer abschmecken.

3 Die Gewürzgurken klein würfeln. Den Apfel waschen, trocken reiben, vierteln und entkernen, anschließend klein würfeln und mit dem Essig mischen. Den Sellerie putzen, waschen und in dünne Scheiben schneiden. Die Radieschen waschen, putzen, in dünne Scheiben hobeln und leicht salzen. Die hart gekochten Eier pellen und längs vierteln. Alles in einer Schüssel vorsichtig mit dem Dressing vermengen.

4 Den Schnittlauch in feine Röllchen schneiden und über dem Eiersalat verteilen. Frischen Pfeffer darübermahlen und servieren.

TIPP: **Der Apfel für den Salat sollte süßsäuerlich sein. Perfekt sind Elstar oder Cox Orange.**

Aus Glas oder Tube ist sie gut, hausgemacht noch besser.

SELBST GEMACHTE MAYONNAISE

edeka.de/mayonnaise

Zubereitung ca. 20 Minuten I **Utensilien** Gemüsehobel I **Pro Portion** ca. 393 kcal, 12 g E, 35 g F, 8 g KH

ACH SO!

Teltow? Wo ist das denn? Na,
in Brandenburg und bekannt für
seine Rübchen. Das Besondere
an den kleinen, kegelförmigen
Erdgenossen: Sie schmecken anders
– aromatisch, pikant, einmalig.

TELTOWER RÜBCHEN

FÜR 4 PORTIONEN

700 g **kleine neue Kartoffeln (Frühkartoffeln)**
Salz
800 g **Teltower Rübchen (oder Mairübchen)**
2 **Schalotten**
2 EL **Butter**
6 Stiele **glatte Petersilie**
12 Stiele **Kerbel**
1 EL **Mehl**
250 ml **Milch**
250 ml **Schlagsahne**
Cayennepfeffer
1–2 TL **Zitronensaft**
400 g **roher Schinken in Scheiben**

1 Die Kartoffeln gründlich waschen bzw. abbürsten, in einem Topf mit kaltem Wasser bedecken, salzen und aufkochen. Bei mittlerer Hitze ca. 20 Minuten garen.

2 In der Zwischenzeit die Teltower Rübchen schälen und in ca. 2 cm breite Spalten schneiden. Die Schalotten schälen und fein würfeln.

3 Die Butter in einem Topf schmelzen und die Schalotten darin glasig dünsten. Die Rübchen dazugeben und kurz mitdünsten. 50 ml Wasser hinzufügen, salzen und alles zugedeckt ca. 8–10 Minuten bei milder Hitze bissfest dünsten.

4 Petersilien- und Kerbelblättchen abzupfen und fein hacken. Das Mehl über das Gemüse streuen und kurz untermischen. Die Milch nach und nach unter Rühren zugießen. Die Sahne dazugeben, alles aufkochen und mit Salz, Cayennepfeffer und Zitronensaft würzen. Die gehackten Kräuter, bis auf einige zum Garnieren, untermischen.

5 Die Kartoffeln abgießen und im Topf ausdampfen lassen. Den Schinken in breite Streifen oder Stücke schneiden. Die Kartoffeln mit den Teltower Rübchen und dem Schinken anrichten. Mit den restlichen Kräutern bestreuen und servieren.

MACH'S VEGETARISCH
Wachsweich gekochte Eierhälften sind eine leckere Alternative zum Schinken.

Zubereitung ca. 40 Minuten | **Pro Portion** ca. 781 kcal, 31 g E, 51 g F, 47 g KH

1

SCHWÄBISCHER KARTOFFEL-SALAT

FÜR 4 PORTIONEN

1 900 g festkochende Kartoffeln waschen und in einem Topf mit **Salzwasser** aufkochen. **2 Lorbeerblätter** und **1 TL Kümmelsaat** dazugeben, zugedeckt 20–25 Minuten garen. **1 Salatgurke** schälen, in dünne Scheiben hobeln, leicht **salzen** und 15 Minuten ziehen lassen.

2 Die Kartoffeln abgießen, ca. 15 Minuten abkühlen lassen. **1 Zwiebel** schälen und fein würfeln. In einer Schüssel mit **250 ml Geflügelbrühe** übergießen. **8 EL Weißweinessig**, **1 EL mittelscharfen Senf**, **1 Prise Zucker** und **Pfeffer** unterrühren. Alles mit **Salz** abschmecken.

3 Die Kartoffeln pellen, noch warm in Scheiben schneiden und in die Brühe geben. **6 EL Sonnenblumenöl** vorsichtig untermischen. Mit **Salz** und **Pfeffer** abschmecken. Abkühlen lassen. Die Gurke leicht ausdrücken und vorsichtig untermischen. Kurz vor dem Servieren nachwürzen. **½ Bund Schnittlauch** in feine Röllchen schneiden und über den Salat streuen.

Zubereitung ca. 45 Minuten I **Utensilien** Gemüsehobel I **Pro Portion** ca. 400 kcal, 10 g E, 23 g F, 37 g KH

2

KARTOFFEL-SALAT MIT MAYO

FÜR 4 PORTIONEN

1 900 g festkochende Kartoffeln gut waschen und in einem Topf mit **Salzwasser** aufkochen. Anschließend zugedeckt 20–25 Minuten garen. Die Kartoffeln abgießen und vollständig abkühlen lassen.

2 Inzwischen **150 g Mayonnaise**, **100 g Schmand**, **2 EL Weißweinessig** und **7 EL Gewürzgurkensud** verrühren, mit **Salz** und **Pfeffer** würzen. **1 kleine rote Zwiebel** schälen, mit **3 Gewürzgurken** fein würfeln und untermischen. Die Blättchen von **4 Stielen Petersilie** abzupfen und fein hacken.

3 Die Kartoffeln pellen, dann in Scheiben schneiden und nun vorsichtig unter die Mayonnaisesauce heben. Mit **Salz** und **Pfeffer** abschmecken. Mit Petersilie bestreut servieren.

TIPP: 2 Eier hart kochen, pellen, klein hacken und untermischen.

Zubereitung ca. 45 Minuten I **Pro Portion** ca. 506 kcal, 6 g E, 36 g F, 37 g KH

3

KARTOFFEL-SALAT MIT SPECK

FÜR 4 PORTIONEN

1 900 g festkochende Kartoffeln gut waschen und mit **Salzwasser** aufkochen. **2 Lorbeerblätter** und **1 TL Kümmelsaat** dazugeben und zugedeckt 20–25 Minuten garen.

2 Die Kartoffeln abgießen und 15 Minuten abkühlen lassen. **1 Zwiebel** schälen und fein würfeln. In einer Schüssel mit **250 ml Geflügelbrühe** übergießen. **8 EL Weißweinessig**, **1 EL mittelscharfen Senf**, **Zucker** und **Pfeffer** unterrühren. Kräftig mit **Salz** abschmecken.

3 Die Kartoffeln pellen, dann in Scheiben schneiden und in die Brühe geben. **6 EL Sonnenblumenöl** untermischen. Mit **Salz** und **Pfeffer** abschmecken und abkühlen lassen.

4 **1 Zwiebel** schälen und fein würfeln. **100 g durchwachsenen Speck** fein würfeln und in einer Pfanne ohne Fett knusprig braten. Zwiebel ca. 5 Minuten mitschmoren, abkühlen lassen und unter den Salat heben. Vor dem Servieren nachwürzen. **½ Bund Schnittlauch** in Röllchen schneiden, darüberstreuen.

Zubereitung ca. 45 Minuten I **Pro Portion** ca. 546 kcal, 12 g E, 39 g F, 35 g KH

ACH SO!
Geburtstag, Heiligabend, Grillparty: Muttis Kartoffelsalat ist der Hit auf dem Tisch. Ist es vielleicht ein Klassiker? Der aus Schwaben mit Essig und Öl, die Mayo-Variante aus Osten oder Westen oder der bayrische mit Speck?

ZWIEBELKUCHEN
MIT SPECK

FÜR 20 STÜCKE

400 g	**Mehl (Type 405)**
100 g	**Roggenmehl**
	Salz, Pfeffer
25 g	**frische Hefe**
250 ml	**lauwarme Milch**
60 g	**weiche Butter**
5	**Eier (Größe M)**
1,5 kg	**Gemüsezwiebeln**
5 EL	**Sonnenblumenöl + etwas für die Hände**
200 g	**Speckwürfel**
2 TL	**Kümmelsaat**
2 TL	**getrockneter Majoran**
300 g	**Schmand**
½ Bund	**krause Petersilie**

1 Beide Mehlsorten und 1 TL Salz in einer Schüssel mischen. Die Hefe in die Milch bröseln und unter Rühren auflösen. Mit der Butter und 1 Ei zur Mehlmischung geben und mit den Knethaken des Handrührgerätes oder der Küchenmaschine zu einem glatten Teig verarbeiten. Zugedeckt an einem warmen Ort ca. 1 Stunde gehen lassen.

2 Die Zwiebeln schälen, halbieren und in feine Streifen schneiden oder hobeln. 3 EL Öl in einer großen Pfanne erhitzen und die Speckwürfel darin hellbraun braten. Die Zwiebeln dazugeben und unter Rühren ca. 5 Minuten braten. Kümmel und Majoran zufügen und alles zugedeckt bei milder Hitze ca. 20 Minuten unter gelegentlichem Rühren dünsten.

3 Die restlichen Eier mit dem Schmand in einer großen Schüssel verrühren. Mit Salz und Pfeffer kräftig würzen.

4 Den Backofen auf 200 Grad (Umluft 180) vorheizen. Ein tiefes Backblech (40 x 30 cm) mit dem restlichen Öl fetten. Den Hefeteig auf das Backblech geben und mit geölten Händen bis in die Ecken drücken. Zugedeckt ca. 10 Minuten gehen lassen.

5 Die Zwiebeln unter den Eierschmand mischen und gleichmäßig auf dem Teig verteilen. Im heißen Ofen auf der untersten Schiene 35–40 Minuten backen. Die Petersilienblättchen abzupfen und fein hacken. Den Zwiebelkuchen lauwarm abkühlen lassen. Anschließend in Stücke schneiden und mit der Petersilie bestreut servieren.

MACH'S VEGETARISCH
Der schmeckt auch ohne Speck. Damit es trotzdem würzig bleibt, Schnittlauchröllchen zugeben und einen Teil der Gemüsezwiebeln durch rote ersetzen.

Zubereitung ca. 1,5 Stunden + Gehzeit I **Utensilien** Handrührgerät oder Küchenmaschine, tiefes Backblech (40 x 30 cm) I
Pro Stück ca. 275 kcal, 7 g E, 18 g F, 21 g KH

SPARGEL
MIT BLITZ-HOLLANDAISE

1 Den Spargel schälen, die Enden abschneiden. In einem großen Topf 3 l Salzwasser aufkochen. Die Kartoffeln gründlich waschen, in einem weiteren Topf mit kaltem Wasser bedecken, salzen, aufkochen und ca. 20 Minuten garen. Den Spargel ins kochende Salzwasser geben und zugedeckt bei milder Hitze 12–15 Minuten garen.

2 Inzwischen für die Blitz-Hollandaise Eigelbe, 1 Prise Salz und die Crème fraîche in ein hohes, schmales Gefäß geben und mit dem Pürierstab glatt pürieren. Die Butter in einem Topf zerlassen und kurz aufkochen. Die heiße Butter langsam zur Eimischung gießen und dabei über den Pürierstab laufen lassen. Mit Zitronensaft, Salz und 1 Prise Zucker abschmecken.

3 Die Kartoffeln abgießen, kurz abkühlen lassen und pellen. Den Spargel mit einem Schaumlöffel aus dem Wasser heben. Mit der Hollandaise, den Kartoffeln und dem Schinken anrichten.

FÜR 4 PORTIONEN

2 kg	**weißer Spargel**
	Salz
1 kg	**neue Kartoffeln (Frühkartoffeln)**
2	**Eigelb (Größe M)**
1 EL	**Crème fraîche**
175 g	**Butter**
1–2 TL	**Zitronensaft**
	Zucker
200 g	**Katenschinken in Scheiben**

MACH'S VEGETARISCH
Wer keinen Schinken mag, lässt ihn einfach weg und gibt – nach Mailänder Art – ein Spiegelei auf den Spargel.

Zubereitung ca. 40 Minuten I **Utensilien** Spargelschäler, Pürierstab, Schaumlöffel I **Pro Portion** ca. 783 kcal, 25 g E, 54 g F, 49 g KH

WIE MACHT MAN EIGENTLICH EINE
HOLLANDAISE?

Weißer und grüner Spargel lieben sie, aber auch ein
Fischfilet freut sich über diese feine Sauce.
Zugegeben, sie ist etwas sensibel und nicht ganz einfach
in der Handhabung – aber wer sich traut, gewinnt!

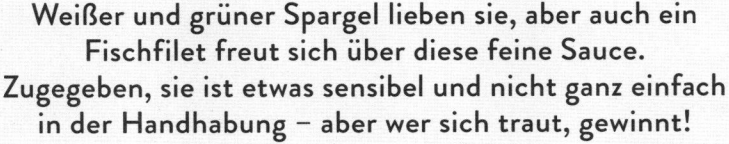

SCHRITT 2

1 Schalotte schälen und in
feine Würfel schneiden.
3–4 weiße Pfefferkörner mit
dem Messerrücken oder im
Mörser zerdrücken. Mit den
Schalottenwürfeln, 1 EL
Weißweinessig und 2 EL
Wasser kurz aufkochen. Den
Sud durch ein Sieb in eine
Edelstahlschüssel gießen.

SCHRITT I

Für 4 Portionen 200 g
Butter bei schwacher Hitze
schmelzen – aber nicht
bräunen! Den Topf vom
Herd nehmen und die
Butter lauwarm abkühlen
lassen. Entsteht Butter-
schaum, bitte abschöpfen.

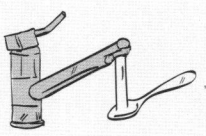

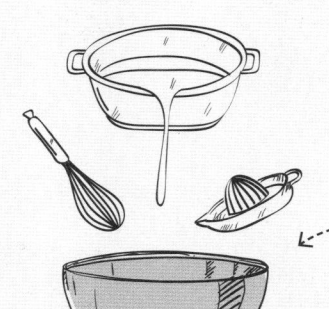

SCHON GEWUSST?
**UPS, SIE IST GERONNEN?
DANN SOFORT AUFHÖREN
ZU RÜHREN UND VOM
WASSERBAD NEHMEN!
½ TL EISKALTES WASSER
AM RAND ZUGEBEN
UND IN KLEINEN KREISEN
RÜHREN, BIS ALLES
WIEDER BINDET.**

SCHRITT 4

Die lauwarme geschmolzene
Butter erst tröpfchenweise, dann in
dünnem Strahl mit dem Schneebesen
unter die Eigelbcreme rühren.
Alles mit ca. 1 EL Zitronensaft, Salz
und Pfeffer abschmecken.

SCHRITT 3

4 Eigelb (Größe M) und 1 EL kaltes Wasser gut mit
dem Sud verrühren. Dann über einem heißen
Wasserbad (60–70 Grad) einige Minuten per
Schneebesen oder Handmixer aufschlagen, bis eine
dickliche Creme entsteht. Aus dem Wasserbad
nehmen und ca. 30 Sekunden weiterschlagen.

KÄSESPÄTZLE
MIT FELDSALAT

FÜR 4 PORTIONEN

Für die Spätzle:
- 300 g **Mehl**
- **Salz, Pfeffer**
- 5 **Eier (Größe M)**
- 100 ml **Mineralwasser mit Kohlensäure**
- 4 **Zwiebeln**
- 2 EL **Butterschmalz**
- ½ TL **Zucker**
- 2 EL **Butter**
- 1 Prise **frisch geriebene Muskatnuss**
- 150 g **geraspelter Emmentaler**
- 150 g **geraspelter Bergkäse**

Für den Salat:
- 150 g **Feldsalat**
- 1 **Schalotte**
- 3 EL **Apfelessig**
- 2 TL **Honig**
- **Salz, Pfeffer**
- 5 EL **Distelöl**
- 1 **rotbackiger Apfel**

1 Für den Spätzleteig das Mehl und 1 TL Salz in einer großen Schüssel mischen. Eier und Mineralwasser unter Rühren zugeben. Mit einem Kochlöffel zu einem glatten Teig verrühren und kräftig schlagen, bis er anfängt, Blasen zu bilden. Anschließend ca. 10 Minuten ruhen lassen.

2 Den Feldsalat putzen, waschen und trocken schleudern. Die Schalotte schälen und fein würfeln. Mit Essig, Honig, etwas Salz, Pfeffer und 3 EL Wasser kräftig verrühren. Danach das Öl unterrühren. Den Apfel waschen, vierteln und entkernen. Die Apfelviertel in dünne Scheiben schneiden und sofort unter die Vinaigrette mischen.

3 Reichlich Salzwasser in einem großen Topf aufkochen. Den Teig portionsweise mithilfe einer Spätzlepresse oder eines Spätzlehobels ins Wasser geben. Spätzle, die an die Oberfläche kommen, ca. 1 Minute garen lassen. Die Spätzle mit einem Schaumlöffel herausheben, in einer Schüssel oder einem Topf mit kaltem Wasser kurz abschrecken und in einem Durchschlag gut abtropfen lassen.

4 Die Zwiebeln schälen und in ca. 3 mm dicke Ringe schneiden oder hobeln. In einer Pfanne im heißen Butterschmalz erst glasig, dann goldbraun braten. Mit etwas Salz und Zucker würzen.

5 Die Butter in einer Pfanne erhitzen. Die Spätzle zugeben und farblos (sie sollen nicht bräunen) bei mittlerer Hitze braten, leicht salzen und mit Pfeffer und Muskat würzen. Mit dem Käse bestreuen, diesen durch leichtes Schwenken untermischen und erhitzen, bis er vollständig geschmolzen ist. Alles mit den Schmelzzwiebeln bestreuen. Feldsalat und Apfel-Vinaigrette mischen und dazu servieren.

Zubereitung ca. 50 Minuten I **Utensilien** Spätzlepresse oder Spätzlehobel, Schaumlöffel I **Pro Portion** ca. 947 kcal, 40 g E, 57 g F, 67 g KH

SCHMORGURKEN
MIT HACK

FÜR 4 PORTIONEN

1 kg	**Schmorgurken**
1	**Zwiebel**
1	**Knoblauchzehe**
400 g	**gemischtes Hackfleisch**
4 EL	**Öl**
	Salz, Pfeffer
	Paprikapulver, edelsüß
	Cayennepfeffer
1 Dose	**stückige Tomaten (400 g)**
250 ml	**Gemüsebrühe**
1 Bund	**Dill**
	Zucker
100 g	**Schmand**

1 Die Schmorgurken schälen und längs halbieren. Das Innere mit einem Löffel herauskratzen und die Gurkenhälften in ca. 1 cm große Scheiben schneiden. Die Zwiebel schälen und fein würfeln. Den Knoblauch schälen und fein hacken.

2 Das Hackfleisch grob zerkrümeln. In einer Pfanne 2 EL Öl erhitzen und das Hackfleisch braun anbraten. Mit Salz, Pfeffer, Paprikapulver und etwas Cayennepfeffer würzen und wieder herausnehmen. Das restliche Öl in die Pfanne geben. Gurkenstücke, Zwiebeln und Knoblauch darin ca. 3 Minuten andünsten, mit Salz und Pfeffer würzen. Stückige Tomaten und Gemüsebrühe hinzufügen und alles offen ca. 15 Minuten bei mittlerer Hitze köcheln, bis die Gurken glasig geworden sind. Das Hackfleisch nach ca. 10 Minuten dazugeben und mitgaren.

3 Die Dillfähnchen abzupfen und fein schneiden. ⅔ davon zur Sauce geben. Alles mit Salz, Pfeffer, Zucker und Cayennepfeffer würzig abschmecken. Die Schmorgurken-Hack-Pfanne anrichten und mit dem restlichen Dill bestreuen. Mit dem Schmand anrichten. Dazu passen Salzkartoffeln oder Langkornreis.

MACH'S VEGAN
Hack schmeckt hier einfach am besten – warum nicht veganes nehmen? Alternativ Räuchertofu fein würfeln und anbraten. Den Schmand durch vegane Crème fraîche ersetzen.

Zubereitung ca. 40 Minuten I **Pro Portion** ca. 609 kcal, 25 g E, 51 g F, 13 g KH

ACH SO!
Wie lecker sind die denn? Schmorgurken sollte
es nicht nur im Sommer, sondern das ganze
Jahr geben. Die Sauce schmeckt überall
anders: mal nach Dill-Sahne, mal nach Crème
fraîche und Senf, manchmal schön tomatig.
Am besten alles ausprobieren!

ACH SO!
Im Odenwald kennt man ihn auch. In der
Eifel heißt er Döppekooche. Die Hochburg
ist aber der Westerwald: Dort gab's den
Dippekuchen schon mal in einer Mega-
Version von über 300 Kilogramm!

DIPPEKUCHEN
MIT APFELKOMPOTT

FÜR 6 PORTIONEN

Für den Dippekuchen:

250 g	**Speck am Stück**
3	**Cabanossi**
2 kg	**Kartoffeln, mehligkochend**
3	**Zwiebeln**
	Salz, Pfeffer
3	**Eier (Größe M)**
1 Prise	**frisch geriebene Muskatnuss**
2 EL	**zimmerwarmes Butterschmalz**
2 EL	**Sonnenblumenöl**

Für das Apfelkompott:

800 g	**säuerliche Äpfel**
2 EL	**Zitronensaft**
3 EL	**Zucker**

1 Den Speck und die Cabanossi in ca. 2 cm große Stücke schneiden. Kartoffeln und Zwiebeln schälen und fein reiben – am besten mit der Küchenmaschine. Die Kartoffelmasse leicht salzen und ca. 5 Minuten ziehen lassen. Anschließend in einem Sieb über einer Schüssel kräftig ausdrücken. Das Kartoffelwasser ca. 15 Minuten stehen lassen, bis sich die Stärke am Boden abgesetzt hat. Das Kartoffelwasser vorsichtig wegschütten und die Stärke zur Kartoffelmasse geben. In einer Schüssel mit den Eiern verrühren und mit Salz, Pfeffer und Muskatnuss würzen.

2 Den Backofen auf 180 Grad (Umluft 160) vorheizen. Einen Bräter (ca. 25 cm ∅) mit Butterschmalz fetten. Abwechselnd Kartoffelmasse, Speck und Cabanossi in den Bräter schichten. Mit der Kartoffelmasse abschließen. Die Oberfläche mit Öl beträufeln und im heißen Ofen ca. 90 Minuten zugedeckt garen. Dann den Deckel entfernen und offen weitere ca. 30 Minuten goldbraun backen.

3 Die Äpfel schälen, vierteln, entkernen und in grobe Stücke schneiden. In einem Topf mit Zitronensaft, Zucker und 100 ml Wasser aufkochen und zugedeckt bei milder bis mittlerer Hitze 10–15 Minuten weich kochen. Dabei gelegentlich umrühren. Den Dippekuchen mit dem Apfelkompott servieren.

TIPP: Sie können den Dippekuchen auch in einer großen Auflaufform zubereiten und ihn dann in der Form oder gestürzt servieren.

Zubereitung ca. 2 Stunden 30 Minuten | **Utensilien** evtl. Küchenmaschine, Bräter (ca. 25 cm ∅), feines Sieb | **Pro Portion** ca. 804 kcal, 18 g E, 48 g F, 73 g KH

FLEISCH

Sonntagmittag in Deutschland: Alle warten nur auf einen – den herrlich duftenden Braten. Früher war er etwas ganz Besonderes. Und heute sollte er es wieder sein, denn auch bei Fleisch kommt es auf Qualität und Regionalität an. Das schmeckt uns und der Umwelt.

ROASTBEEF
MIT KARTOFFELGRATIN

FÜR 4 PORTIONEN

Für das Kartoffelgratin:

1,2 kg	**Kartoffeln, festkochend**
150 g	**Zwiebeln**
1	**Knoblauchzehe**
30 g	**Butter**
100 ml	**Weißwein**
2	**Lorbeerblätter**
200 ml	**Schlagsahne**
200 ml	**Milch**
150 ml	**Kalbsfond**
	Salz
1 Prise	**frisch geriebene Muskatnuss**

Für das Roastbeef:

1,2 kg	**Roastbeef (ohne Fett und Sehnen)**
	Salz
3 EL	**neutrales Öl**
	evtl. grobes Meersalz

Für die Remoulade:

3	**Eier (Größe M)**
140 ml	**neutrales Öl**
1 TL	**mittelscharfer Senf**
1 EL	**Zitronensaft**
	Salz, Pfeffer
½	**kleiner Apfel**
6	**Cornichons + 2–3 EL Sud**
1 Bund	**Schnittlauch**
4 Stiele	**Petersilie**
1 TL	**Kapern**
2 EL	**Crème fraîche**

Außerdem:

	Alufolie

1 Kartoffeln schälen und in kaltes Wasser legen. Die Zwiebeln schälen, fein würfeln. Den Knoblauch schälen und fein hacken. Die Butter in einem Topf schmelzen, Zwiebeln und Knoblauch darin bei mittlerer Hitze ca. 2 Minuten dünsten. Mit Wein auffüllen und stark einkochen.

2 Die Kartoffeln trocken tupfen, in sehr dünne Scheiben schneiden oder hobeln. Mit Lorbeerblättern, Sahne, Milch und Kalbsfond zur Zwiebelmischung geben. Alles offen bei mittlerer Hitze 20–25 Minuten leicht bissfest garen, dabei mit Salz und Muskat würzen.

3 Den Backofen auf 160 Grad vorheizen. Die Kartoffeln in eine Auflaufform geben, im heißen Ofen auf unterer Schiene ca. 40 Minuten gratinieren. Das Roastbeef salzen. Öl in einer großen Pfanne erhitzen, das Fleisch darin rundherum scharf anbraten. Auf ein Stück Alufolie legen, auf einem Rost über den Kartoffeln in den Ofen geben, ca. 35 Minuten garen. Herausnehmen, in Alufolie wickeln, ca. 10 Minuten ruhen lassen. Die Ofentemperatur auf 220 Grad erhöhen. Das Kartoffelgratin ca. 8 Minuten goldbraun gratinieren.

4 In kochendem Wasser 2 Eier ca. 8 Minuten hart kochen. Inzwischen für die Mayonnaise das restliche Ei, Öl, Senf, Zitronensaft und 1 Prise Salz in ein hohes Gefäß geben. Den Pürierstab hineinstellen und, ohne ihn zu bewegen, so lange laufen lassen, bis die Zutaten cremig-dicklich werden. Den Pürierstab langsam auf- und abziehen, bis sich alles zu einer cremigen Mayonnaise verbunden hat.

5 Die Eier abschrecken, pellen und fein hacken. Den Apfel evtl. schälen, in kleine Würfel schneiden. Die Cornichons fein würfeln. Den Schnittlauch in feine Röllchen schneiden, Petersilienblättchen und Kapern fein hacken. Mayonnaise und Crème fraîche verrühren, Schnittlauch, Petersilie, Kapern, Eier, Apfel, die Cornichons und den Cornichon-Sud untermischen. Mit Salz und Pfeffer abschmecken.

6 Das Roastbeef nach Belieben mit etwas Meersalz bestreuen, mit dem Kartoffelgratin und der Remoulade anrichten.

Zubereitung ca. 1 Stunde 30 Minuten | **Utensilien** evtl. Gemüsehobel, Auflaufform, Pürierstab | **Pro Portion** ca. 1.082 kcal, 85 g E, 55 g F, 56 g KH

RINDERROULADEN

FÜR 4 PORTIONEN

6	**Gewürzgurken**
4	**Zwiebeln**
8 Scheiben	**Rinderrouladenfleisch (à ca. 150 g)**
8 TL	**scharfer Senf**
16 Scheiben	**durchwachsener Speck**
1	**Möhre**
150 g	**Knollensellerie**
½ Stange	**Lauch**
	Salz, Pfeffer
6 EL	**Mehl**
4 EL	**Öl**
1 TL	**Zucker**
1 EL	**Tomatenmark**
400 ml	**trockener Rotwein**
300 ml	**Fleischbrühe**
2	**Lorbeerblätter**
2–3 TL	**Speisestärke**
4–5 Stiele	**Petersilie**

Außerdem:

evtl. Frischhaltefolie
Holzspieße oder
Rouladennadeln

1 Die Gurken längs vierteln. 3 Zwiebeln schälen, halbieren und längs in Streifen schneiden. Das Rouladenfleisch (evtl. zwischen zwei Lagen Frischhaltefolie) mit einem Plattiereisen oder Stieltopf möglichst dünn klopfen. Rouladen mit je 1 TL Senf bestreichen, mit je 2 Scheiben Speck belegen. Gurken- und Zwiebelstreifen auf die unteren Fleischenden legen. Erst die Seiten einklappen, dann das Fleisch über der Füllung zu Rouladen aufrollen. Mit Holzspießen oder Rouladennadeln fixieren. Den Backofen auf 160 Grad (Umluft 150) vorheizen. Möhre, Sellerie und restliche Zwiebel schälen und würfeln. Den Lauch putzen, gründlich waschen und würfeln.

2 Die Rouladen rundherum mit Salz und Pfeffer würzen. Im Mehl wälzen, das überschüssige Mehl abklopfen. Das Öl in einem Bräter erhitzen und die Rouladen darin rundherum hellbraun anbraten. Anschließend herausnehmen und auf einen Teller legen. Gemüse und Zwiebel im Bratensatz hellbraun rösten. Zucker und Tomatenmark zugeben, unter Rühren ca. 2 Minuten mitrösten. Den Wein zugießen und aufkochen. Fleischbrühe und Lorbeerblätter hinzufügen und die Rouladen in den Bräter legen. Im heißen Ofen auf einem Rost auf der mittleren Schiene ca. 2 Stunden schmoren.

3 Die Rouladen aus dem Bräter nehmen, im ausgeschalteten Ofen warm halten. Die Sauce durch ein Sieb in einen Topf gießen und dabei das Gemüse leicht durchdrücken. Die Sauce aufkochen und bei mittlerer Hitze ca. 5 Minuten einkochen. Die Stärke mit etwas kaltem Wasser verrühren und die Sauce damit leicht binden. Mit Salz und Pfeffer abschmecken. Die Petersilienblättchen abzupfen und fein hacken. Die Rinderrouladen mit der Sauce servieren, mit Petersilie bestreuen. Dazu passt Kartoffelpüree.

Zubereitung ca. 2 Stunden 50 Minuten I **Utensilien** Plattiereisen oder Stieltopf, Bräter, Sieb I **Pro Portion** ca. 1.065 kcal, 45 g E, 72 g F, 36 g KH

BOLOGNESE

FÜR 6 PORTIONEN

1 **250 g Zwiebeln** schälen, fein würfeln. **2 Knoblauchzehen** schälen, fein hacken. **150 g Möhren**
schälen, fein würfeln. **150 g Staudensellerie**
waschen, putzen, in ½ cm dicke Würfel schneiden.
100 g Pancetta (italienischer Bauchspeck) fein
würfeln. **2 EL Olivenöl** in einem flachen Topf
erhitzen, Pancetta darin 1–2 Minuten anbraten.
800 g gemischtes Hackfleisch dazugeben, bei
mittlerer Hitze 8–10 Minuten braten, dabei öfter
umrühren. Fleisch aus dem Topf nehmen. **4 EL
Olivenöl**, Zwiebeln und Knoblauch hineingeben,
3–4 Minuten braten. Möhren und Sellerie zufügen,
3–4 Minuten mitbraten, mit **Salz** und **Pfeffer**
würzen. Hack in den Topf geben, **3 EL Tomatenmark** untermischen, 1–2 Minuten unter Rühren
mitbraten. Mit **300 ml trockenem Weißwein**
ablöschen, stark einkochen. Mit **200 ml Milch**,
500 g passierten Tomaten und 200 ml Wasser
auffüllen. Offen bei mittlerer Hitze 1 ½–2 Stunden
garen. Evtl. ab und zu etwas Wasser hinzufügen.

2 Ca. 20 Minuten vor Garzeitende **1 Zweig
Rosmarin** und **2 Lorbeerblätter** dazugeben.
Blätter von 4 Petersilienstielen abzupfen, fein
hacken, mit **1 EL getrocknetem Oregano** kurz vor
Garzeitende zufügen, mit **Salz, Pfeffer** und **Zucker**
abschmecken. Die Lorbeerblätter entfernen. Die
Sauce sollte nicht zu flüssig sein.

3 Reichlich Salzwasser aufkochen, darin **500 g
Spaghetti** nach Packungsanleitung bissfest
garen. Blätter von **4 Basilikumstielen** abzupfen.
Spaghetti in einem Sieb abgießen, abtropfen lassen,
mit der Bolognese anrichten. Mit Basilikum und
geriebenem Parmesan bestreuen.

Zubereitung ca. 2 Stunden 30 Minuten | **Utensilien** Sieb |
Pro Portion ca. 974 kcal, 45 g E, 53 g F, 72 g KH

LASAGNE

FÜR 6 PORTIONEN

1 Für die Béchamelsauce **40 g Butter** in einem
Topf zerlassen. **40 g Mehl** hinzufügen und
unter Rühren ca. 30 Sekunden bei milder Hitze
anschwitzen. Nun mit **300 ml Milch** auffüllen und
verrühren. Nach und nach weitere **300 ml Milch**
zugießen und unter Rühren aufkochen. **1 Lorbeerblatt** dazugeben, mit **Salz, Pfeffer** und **Muskat**
würzen. Bei sehr milder Hitze ca. 10 Minuten
köcheln. Die Sauce abkühlen lassen, das Lorbeerblatt entfernen.

2 Den Backofen auf 180 Grad (Umluft 160)
vorheizen. Eine rechteckige Auflaufform
(ca. 30 x 20 cm) mit **1 EL Butter** fetten und mit
3 Lasagneblättern auslegen. **Bolognese** (Rezept
siehe links), Béchamelsauce, **90 g geriebenen
Parmesan** und weitere **9 Lasagneblätter** abwechselnd in die Form schichten. Mit Lasagneblättern
und Béchamelsauce abschließen. **30 g geriebenen
Parmesan** darüber verteilen. Im heißen Ofen auf
der mittleren Schiene 45–50 Minuten backen.
Dazu passt ein grüner Salat.

Zubereitung ca. 1 Stunde 20 Minuten | **Utensilien**
rechteckige Auflaufform (ca. 30 x 20 cm) | **Pro Portion** ca.
1.161 kcal, 53 g E, 66 g F, 82 g KH

ACH SO!
Pasta zwischen Leberkäse
und Sauerbraten? Das passt!
Schon in den 1950er-Jahren
brachten die Italiener:innen ihre
Spezialitäten nach Deutschland
– zum Glück! Seitdem gehören
Bolognese, Lasagne & Co. zu
unserer Heimatküche.

GÄNSE-KEULEN
MIT ÄPFELN

FÜR 4 PORTIONEN

Für die Gänsekeulen:

4	**Gänsekeulen (à ca. 500 g)**
	Salz, Pfeffer
2 EL	**Öl**
1,4 l	**Gänsefond oder dunkler Geflügelfond**
1	**Gemüsezwiebel**
150 g	**Staudensellerie**
150 g	**Bundmöhren**
40 g	**Gänseschmalz**
1 EL	**Tomatenmark**
200 ml	**roter Portwein**
400 ml	**trockener Rotwein**
4	**säuerliche Äpfel**
200 g	**Schalotten**
1 TL	**Speisestärke**

Für das Kürbispüree:

800 g	**Butternut-Kürbis**
2 EL	**Olivenöl**
	Salz, Pfeffer
3 EL	**Butter**
1–2 TL	**Zitronensaft**
1 Prise	**geriebene Muskatnuss**
150 g	**gegarte Maronen (aus dem Vakuumbeutel)**
3 Stiele	**Thymian**

1 Den Backofen auf 180 Grad (Umluft 160) vorheizen. Gänsekeulen abspülen, trocken tupfen, mit Salz und Pfeffer würzen. Öl in einem Bräter erhitzen. Die Keulen darin auf der Hautseite bei mittlerer Hitze 8–10 Minuten anbraten. Wenden, 8–10 Minuten anbraten. Nochmals wenden, 400 ml Gänsefond zugeben. Zugedeckt im heißen Ofen ca. 1 Stunde garen. Dann offen weitere ca. 90 Minuten garen.

2 Zwiebel schälen, grob würfeln. Sellerie und Möhren putzen, waschen, in Würfel schneiden. Gänseschmalz in einem Topf erhitzen, Zwiebeln darin bei starker Hitze 5–6 Minuten braten. Sellerie und Möhren dazugeben, 5–6 Minuten braten. Mit Salz würzen und kurz weiterbraten. Das Tomatenmark zufügen, unter Rühren 1–2 Minuten anrösten. Mit 100 ml Portwein und 200 ml Rotwein ablöschen, stark einkochen. Den restlichen Port- und Rotwein zugießen, fast vollständig einkochen. Mit 250 ml Gänsefond auffüllen, stark einkochen. Mit restlichem Gänsefond und 450 ml Wasser auffüllen, aufkochen. Offen bei mittlerer Hitze auf die Hälfte einkochen. Die Sauce durch ein feines Sieb in einen Topf gießen (ergibt ca. 600 ml). Fett abschöpfen und auf 400 ml einkochen.

3 Die Äpfel waschen, das Kerngehäuse ausstechen, Äpfel halbieren oder vierteln. Die Schalotten schälen und nach ca. 90 Minuten im Bräter verteilen. Die Äpfel ca. 30 Minuten vor Garzeitende dazugeben.

4 Kürbis waschen, halbieren, entkernen. Auf den Schnittflächen mit Olivenöl beträufeln. Mit Salz und Pfeffer würzen, auf ein Backblech legen und im heißen Ofen ca. 60 Minuten rösten. Den Kürbis aus dem Ofen nehmen, abkühlen lassen. Kürbisfleisch mit einem Esslöffel von der Schale kratzen, in ein hohes Gefäß geben und mit dem Pürierstab fein mixen. Dann in einen Topf füllen, bei milder Hitze 5–10 Minuten köcheln. 2 EL Butter untermischen, mit Salz, Pfeffer, Zitronensaft und Muskat abschmecken. Zugedeckt warm halten.

5 Die restliche Butter in einer Pfanne aufschäumen. Die Maronen grob hacken, die Thymianblättchen abzupfen und beides in die Pfanne geben. 2–3 Minuten bei mittlerer Hitze dünsten.

6 Keulen, Äpfel und Schalotten aus dem Bräter nehmen. Fond aus dem Bräter zur Sauce geben, bei starker Hitze etwas einkochen. Keulen, Äpfel und Schalotten wieder in den Bräter setzen und im ausgeschalteten Ofen bei offener Tür ruhen lassen.

7 Die Speisestärke in wenig Wasser anrühren, die Sauce damit binden und 2–3 Minuten köcheln. Mit Salz und Pfeffer abschmecken. Die Gänsekeulen mit der Sauce, Äpfeln, Schalotten und dem Kürbispüree servieren. Die Maronenmischung über das Püree streuen.

Zubereitung ca. 3 Stunden | **Utensilien** Bräter, feines Sieb, Apfelausstecher, Pürierstab | **Pro Portion** ca. 1.517 kcal, 65 g E, 118 g F, 28 g KH

RINDER-BRATEN

1 Für den Braten das Fleisch ca. 1 Stunde vor der Zubereitung aus dem Kühlschrank nehmen. Anschließend kalt abspülen, trocken tupfen und das Fett evtl. entfernen. Das Fleisch rundherum mit Salz und Pfeffer einreiben. Die Zwiebeln schälen und grob würfeln. Das Suppengrün putzen und ggf. schälen. Den Lauch längs halbieren, gründlich waschen und abtropfen lassen. Alles grob würfeln.

2 Den Backofen auf 160 Grad (Umluft nicht empfehlenswert) vorheizen. 4 EL Öl in einem großen Bräter oder Schmortopf erhitzen. Darin das Fleisch bei starker Hitze rundherum braun anbraten, dann herausnehmen. Restliches Öl und die Butter in den Bräter geben, die Zwiebeln darin bei mittlerer Hitze 3–4 Minuten braun braten. Das gewürfelte Suppengrün hinzufügen und 4–5 Minuten mitbraten. Das Tomatenmark unterrühren und ca. 30 Sekunden mitrösten. Mit 200 ml Wein ablöschen und stark einkochen lassen. Den Vorgang mit dem restlichen Wein zweimal wiederholen. Fleisch und Lorbeerblätter dazugeben, mit Fond und 300 ml Wasser auffüllen. Zugedeckt im heißen Ofen auf der untersten Schiene ca. 2 ½ Stunden garen. Den Braten ab und zu wenden. Für die letzten 30 Minuten den Deckel entfernen.

3 Das Fleisch aus der Sauce nehmen, zugedeckt im ausgeschalteten Ofen warm halten. Die Sauce durch ein feines Sieb in einen Topf passieren (ergibt ca. 1,2 l) und bei mittlerer bis starker Hitze auf ca. 500 ml einkochen. Die Stärke in etwas kaltem Wasser anrühren, in die Sauce rühren und kurz aufkochen. Mit Salz und Pfeffer abschmecken.

4 Die Möhren schälen und längs halbieren. Öl und Butter in einem Topf erhitzen. Die Möhren darin 2–3 Minuten andünsten. 100 ml Wasser zufügen, salzen und zugedeckt 8–10 Minuten bissfest garen. Mit Salz würzen. Die Petersilienblättchen abzupfen und fein hacken.

5 Das Fleisch in Scheiben schneiden, mit der Sauce und den Möhren anrichten und mit Petersilie bestreut servieren. Dazu passen Kartoffelklöße (siehe Rezept Seite 103).

FÜR 6 PORTIONEN

Für den Braten:
1,75 kg	**Rinderbraten (aus der Schulter)** **Salz, Pfeffer**
400 g	**Zwiebeln**
1 Bund	**Suppengrün**
6 EL	**Öl**
20 g	**Butter**
1 EL	**Tomatenmark**
600 ml	**Rotwein**
2	**Lorbeerblätter**
300 ml	**Rinderfond**
1 TL	**Speisestärke**

Für die Möhren:
1 Bund	**Möhren**
2 EL	**Öl**
1 EL	**Butter**
	Salz
4 Stiele	**Petersilie**

Zubereitung ca. 3 Stunden I **Utensilien** Bräter oder Schmortopf, feines Sieb I **Pro Portion** ca. 882 kcal, 62 g E, 60 g F, 11 g KH

KNACKIGE WURZEL

Kinder sind selten große Gemüseesser. Bei Möhren ist das anders: Die süßen, knackigen Dinger sind genau nach ihrem Geschmack. Und die Großen? Mögen die Wurzeln sowieso!

ERFAHRUNG
Vater Bernhard und Sohn Jan Jungsthöfel bauen in vierter bzw. fünfter Generation im Familienbetrieb in Friesoythe Gemüse an, Möhren seit 1991.

7
TAGE
halten Möhren im Gemüsefach des Kühlschranks (z. B. in ein feuchtes Tuch gewickelt), späte Sorten auch länger.

W oddel, Gelbe Rübe, Karotte, Mohrrübe, Rüebli – jede Region hat ihren Namen für die Möhre. Und die gehört zu den beliebtesten Gemüsesorten der Deutschen. Das liegt an ihrem kräftigen Geschmack und an den Nährstoffen: Sie steckt voller Betacarotin (gut für unsere Augen) und Ballaststoffe. Möhren also gerne mal roh verarbeiten, etwa geraspelt im Salat oder zu Saft gepresst – dann bleibt alles erhalten. Die orangen Wurzeln gibt es das ganze Jahr über, die frühen oft als Bundmöhren mit Kraut. Die sollten nach dem Kauf vom Grün befreit werden, denn es entzieht dem Gemüse Wasser. In die Tonne gehört das Kraut nicht. Man kann es, fein geschnitten, auf Salat streuen oder zu Pesto verarbeiten. Waschmöhren (gereinigt) sind im Sommer, Herbst und Winter im Markt. Für EDEKA ernten in Niedersachsen Jan und Bernhard Jungsthöfel die Wurzeln. Im landwirtschaftlichen Familienbetrieb von 1906 sind Vater und Sohn seit 1991 auf Möhren spezialisiert und säen diese von März bis Juni auf ca. 70 Hektar Land aus. Nach der Ernte, von Juli bis März, wird das Gemüse vom Grün befreit, in einer modernen Anlage gewaschen, sortiert und verpackt. Wichtig auf dem Weg in die Märkte: die perfekte Kühlung. Nur so bleiben die Möhren frisch.

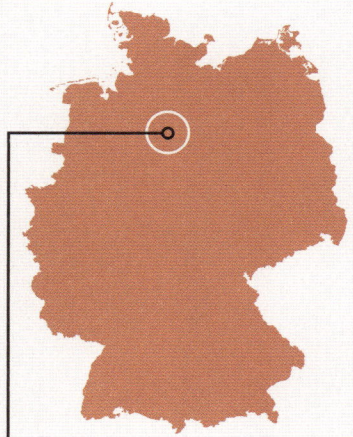

ANBAUREGION
Niedersachsen bietet die zweitgrößte Anbaufläche für Möhren bundesweit – vor allem rund um Lüneburg und Hannover oder in der Nähe von Cloppenburg im Oldenburger Münsterland.

SENSIBEL
Möhren sind empfindlich: Druckstellen und Risse entstehen schnell. So zahlt sich eine schonende Ernte bei trockenen Bedingungen aus.

KOTELETT
MIT KOHLRABI

FÜR 4 PORTIONEN

Für die Koteletts:

4	**Schweinekoteletts (mit Knochen, à ca. 250 g)**
1 EL	**Kümmelsaat**
½ TL	**schwarze Pfefferkörner**
	Salz, Pfeffer
1 EL	**Paprikapulver, edelsüß**
½ TL	**getrockneter Majoran**
2 EL	**Öl**
1 EL	**Butter**
4 Stiele	**Thymian**

Für den Rahmkohlrabi:

600 g	**Kohlrabi**
1 EL	**Butter**
1 EL	**Öl**
	Salz, Pfeffer
½ TL	**getrockneter Estragon**
200 ml	**Schlagsahne**
100 g	**TK-Erbsen**
2–3 TL	**Zitronensaft**
	Zucker
4 Stiele	**Petersilie**

1 Die Koteletts ca. 1 Stunde vor der Zubereitung aus dem Kühlschrank nehmen. Dann abspülen und mit Küchenpapier trocken tupfen. Kümmelsaat und Pfefferkörner mit 1 TL Salz im Mörser grob zerstoßen. Paprikapulver und Majoran untermischen, die Koteletts damit einreiben.

2 Den Backofen auf 160 Grad (Umluft nicht empfehlenswert) vorheizen. Den Fettrand der Koteletts mit einem scharfen Messer mehrmals einschneiden. Das Öl in einer ofenfesten Pfanne erhitzen, die Koteletts darin auf jeder Seite ca. 2 Minuten braten. Die Butter und den Thymian auf die Koteletts geben. Die Pfanne mit den Koteletts im heißen Ofen auf der 2. Schiene von unten 15–16 Minuten weitergaren.

3 Für das Gemüse den Kohlrabi schälen, achteln und in dünne Scheiben schneiden. In einem Topf die Butter und das Öl erhitzen. Den Kohlrabi darin andünsten. Salz, Estragon, Sahne und 150 ml Wasser dazugeben und den Kohlrabi zugedeckt 6–8 Minuten garen. Die Erbsen zufügen und offen weitere ca. 2 Minuten garen. Mit etwas Salz, Pfeffer, Zitronensaft und Zucker würzen.

4 Die Koteletts aus dem Ofen nehmen, zugedeckt 2–3 Minuten ruhen lassen. Die Petersilienblättchen abzupfen, fein hacken und unter den Kohlrabi mischen. Die Koteletts mit dem Gemüse anrichten.

Noch ein bisschen Extrawürze zum Kotelett? Dieser Mix ist ein Hit:

KRÄUTER-BUTTER

edeka.de/kraeuterbutter

Zubereitung ca. 40 Minuten | **Utensilien** ofenfeste Pfanne | **Pro Portion** ca. 631 kcal, 46 g E, 40 g F, 9 g KH

SCHASCHLIK

FÜR 4 PORTIONEN

1 1 TL Pfefferkörner, 2 Lorbeerblätter und 1 EL Kümmelsaat in einer Pfanne ohne Fett anrösten. Abkühlen lassen, dann mit 1 EL edelsüßem Paprikapulver, 1 TL rosenscharfem Paprikapulver und 1 EL Salz im Mörser fein mahlen.

2 800 g Schweinenacken abspülen, trocken tupfen, in ca. 4 cm große Würfel schneiden. Mit der Gewürzmischung einreiben, 10 Minuten ziehen lassen. 8 Holzspieße in Wasser legen. 4 rote Zwiebeln schälen, in Spalten schneiden. 1 rote Paprikaschote waschen, vierteln, entkernen, in ca. 2 cm große Stücke schneiden. Abwechselnd mit dem Fleisch auf die Spieße stecken.

3 150 g Zwiebeln schälen und fein würfeln. 2 EL Öl in einem Topf erhitzen. Die Zwiebeln darin glasig dünsten. 50 g Zucker zugeben, unter Rühren schmelzen. 4 EL Tomatenmark zufügen, 1–2 Minuten anrösten. Mit 1 EL Currypulver bestäuben und ca. 1 Minute mitrösten. Mit 3 EL Apfelessig ablöschen, mit 200 ml naturtrübem Apfelsaft und 100 ml Wasser auffüllen. 400 g Tomatenketchup dazugeben, salzen und ca. 5 Minuten bei milder Hitze köcheln. Mit Salz und Zucker abschmecken.

4 Backofen auf 180 Grad (Umluft 160) vorheizen. Spieße in einer heißen Grillpfanne in 2 EL Öl rundherum scharf anbraten. Mit der Sauce in eine ofenfeste Form geben, mit Alufolie abdecken und im heißen Ofen auf der mittleren Schiene 60–70 Minuten garen. Alufolie nach ca. 1 Stunde entfernen. Schaschlik aus dem Ofen nehmen und mit Currypulver bestreut servieren.

Zubereitung ca. 1 Stunde 30 Minuten **I Utensilien** Mörser, evtl. Grillpfanne, ofenfeste Form **I Pro Portion** ca. 671 kcal, 37 g E, 42 g F, 34 g KH

LEBERKÄSE

FÜR 4 PORTIONEN

1 Den Backofen auf ca. 100 Grad vorheizen. 4 Gewürzgurken längs in Scheiben schneiden. ½ Bund Schnittlauch in Röllchen schneiden. 3 EL Öl in einer großen Pfanne erhitzen, 4 Leberkäsescheiben (à 160 g) darin rundherum goldbraun braten. Herausnehmen und im heißen Ofen warm halten.

2 1 EL Öl und 2 EL Butter in der Pfanne erhitzen. 4 Eier (Größe M) darin zu Spiegeleiern braten. Mit Salz und Pfeffer würzen. Leberkäse mit je 1 EL süßem Senf bestreichen, mit den Eiern und Gewürzgurken anrichten. Mit Schnittlauch und Pfeffer bestreut servieren.

Zubereitung ca. 25 Minuten **I Pro Portion** ca. 730 kcal, 27 g E, 68 g F, 2 g KH

CURRYWURST

FÜR 4 PORTIONEN

1 150 g Zwiebeln schälen und fein würfeln. 10 g Ingwer schälen und fein reiben. 2 EL Öl in einem Topf erhitzen. Die Zwiebeln darin glasig dünsten, den Ingwer dazugeben, kurz mitdünsten. 90 g Zucker hinzufügen und unter Rühren schmelzen. 4 EL Tomatenmark zugeben, 1–2 Minuten anrösten. Mit 1–2 EL Currypulver bestäuben, ca. 1 Minute mitrösten. Mit 50 ml Apfelessig ablöschen, mit 200 ml naturtrübem Apfelsaft auffüllen. 400 g Tomatenketchup zugeben, salzen und 10–20 Minuten bei milder Hitze köcheln. Die Sauce mit Salz und Zucker abschmecken und mit dem Pürierstab fein mixen. (Die Sauce hält in Schraubgläsern im Kühlschrank mind. 4 Wochen.)

2 4 Currywürste auf dem heißen Rost grillen oder in einer heißen Pfanne in 2 EL Öl rundherum bei mittlerer Hitze 10–15 Minuten goldbraun braten. Inzwischen die Currysauce in einen kleinen Topf geben, bei milder Hitze aufkochen, 1–2 Minuten köcheln und warm halten (ggf. noch etwas Wasser zufügen). Die Würste mit der Sauce beträufeln, nach Belieben mit Currypulver bestreut servieren.

Zubereitung ca. 50 Minuten **I Utensilien** Pürierstab, evtl. Grill **I Pro Portion** ca. 655 kcal, 13 g E, 49 g F, 39 g KH

KRUSTEN-BRATEN

FÜR 6 PORTIONEN

Für den Krustenbraten:

2 kg	**Schweinekrustenbraten**
1 TL	**schwarze Pfefferkörner**
1 EL	**Kümmelsaat**
2	**Knoblauchzehen**
	Salz
250 g	**Möhren**
200 g	**Knollensellerie**
200 g	**Petersilienwurzeln**
3	**Zwiebeln**
2	**Lorbeerblätter**
330 ml	**helles Bier**
1–2 TL	**Speisestärke**
1 EL	**Honig**

Für die Semmelknödel:

400 g	**Brötchen vom Vortag (ca. 5 Stück)**
2	**kleine Zwiebeln**
3 Stiele	**Petersilie**
2 EL	**Butter**
300 ml	**Milch**
2	**Eier (Größe M)**
	Salz, Pfeffer

1 Den Braten abspülen, trocken tupfen. Schwarte mit einem scharfen Messer im Abstand von 1–2 cm kreuzweise einritzen. Nicht in das Fleisch schneiden! Pfefferkörner und Kümmelsaat in einer Pfanne ohne Fett anrösten, herausnehmen, abkühlen lassen. Knoblauch schälen, mit den gerösteten Gewürzen und 1 TL Salz im Mörser fein mahlen. Die Schwarte mit 1 EL Salz einreiben. Fleischseiten des Bratens rundherum mit der Gewürzmischung einreiben. Mit der Schwartenseite nach oben auf eine Platte setzen. Mit einem Küchentuch zudecken und mindestens 4 Stunden, am besten über Nacht, in den Kühlschrank stellen.

2 Den Backofen auf 160 Grad (Umluft 140) vorheizen. Den Braten mit der Schwarte nach unten in einen Bräter setzen. Mit so viel kochendem Wasser auffüllen, bis die Schwarte komplett im Wasser liegt. Im heißen Ofen ca. 45 Minuten garen.

3 Inzwischen Möhren, Sellerie und Petersilienwurzeln putzen, schälen und grob klein schneiden. Die Zwiebeln schälen und grob würfeln. Den Braten aus dem Bräter nehmen. Gemüse und Lorbeerblätter darin verteilen, mit Bier auffüllen. Den Braten mit der Schwartenseite nach oben auf das Gemüse setzen. 90–120 Minuten im Ofen garen. Ab und zu mit dem Bratensud begießen. Temperatur auf 220 Grad (Umluft 200) erhöhen und 15–20 Minuten unter Aufsicht zu Ende garen.

4 Für die Knödel die Brötchen in dünne Scheiben schneiden und in eine große Schüssel geben. Die Zwiebeln schälen und fein würfeln, die Petersilienblätter abzupfen und hacken. Butter schmelzen, Zwiebeln darin glasig dünsten. Petersilie kurz mitdünsten. Die Milch zugießen, lauwarm erwärmen, über die Brötchen gießen. Die Eier zufügen, salzen und pfeffern. Alles locker vermengen und ca. 10 Minuten ziehen lassen.

5 Reichlich Wasser aufkochen und salzen. Die Brötchenmischung mit feuchten Händen zu 8 gleich großen Knödeln formen. Die Knödel ins Salzwasser geben und bei milder Hitze ca. 20 Minuten gar ziehen lassen. Mit einem Schaumlöffel herausheben und abtropfen lassen.

6 Den Braten aus dem Bräter nehmen und auf ein Blech legen. Im ausgeschalteten Ofen ca. 10 Minuten ruhen lassen. Die Sauce evtl. durch ein Sieb passieren und etwas einkochen lassen. Die Speisestärke in kaltem Wasser auflösen, die Sauce damit binden. Mit Honig abschmecken. Den Braten in Scheiben schneiden, mit der Sauce und den Knödeln servieren. Dazu passt Krautsalat (siehe Rezept Seite 41).

Zubereitung ca. 3 Stunden + mind. 4 Stunden Kühlzeit I **Utensilien** Mörser, Bräter, Schaumlöffel, evtl. feines Sieb I **Pro Portion** ca. 988 kcal, 68 g E, 55 g F, 52 g KH

WIENER SCHNITZEL

FÜR 4 PORTIONEN

4	**Kalbsschnitzel (aus der Oberschale, à ca. 150 g)**
2	**Eier (Größe M)**
3 EL	**Schlagsahne**
50 g	**Mehl**
75 g	**Semmelbrösel**
75 g	**Pankobrösel (japanische Semmelbrösel; ersatzweise Semmelbrösel)**
	Salz, Pfeffer
250 g	**Butterschmalz**
1	**Bio-Zitrone in Spalten**
4 EL	**Wildpreiselbeeren**

Außerdem:

großer Gefrierbeutel

1 Die Schnitzel ca. 1 Stunde vor der Zubereitung aus dem Kühlschrank nehmen. Dann nacheinander in einem großen Gefrierbeutel mit einem Plattiereisen oder einem Stieltopf ca. 5 mm dünn plattieren.

2 Die Eier und die Sahne in einer Schüssel mit einer Gabel verquirlen. Das Mehl auf einen tiefen Teller geben. Semmelbrösel und Pankobrösel mischen und auf einen weiteren tiefen Teller geben. Die Schnitzel rundherum leicht mit Salz und Pfeffer würzen, nacheinander kurz im Mehl wenden. Die gesamte Oberfläche sollte nun gleichmäßig bemehlt sein. Überschüssiges Mehl abklopfen. Die Schnitzel dann durch die Eiersahne ziehen und gut abtropfen lassen. Anschließend gleich in den Bröseln wenden. Die Brösel nur leicht andrücken, nicht anpressen.

3 Das Butterschmalz in einer großen Pfanne erhitzen. Die Schnitzel darin in 2 Portionen jeweils ca. 3 Minuten braten. Während des Bratvorgangs die Schnitzel einmal wenden, die Oberfläche immer wieder mit dem Bratfett beschöpfen und die Pfanne leicht schwenken. Die fertigen Schnitzel auf Küchenpapier abtropfen lassen. Sofort mit Zitronenspalten und Wildpreiselbeeren servieren. Dazu passt ein Kartoffelsalat mit Gurken (siehe Rezept Seite 70).

TIPP: Butterschmalz ist die erste Wahl, wenn es um das Bratfett fürs Schnitzel geht. Wer das partout nicht mag, kann das Fleisch alternativ in hitzebeständigem Pflanzenöl ausbacken und kurz vor Ende einen Löffel Butter fürs Aroma dazugeben.

Sie gehören zur Fraktion „Schnitzel und Pommes"? Dann haben wir etwas für Sie:

SELBST GEMACHTE POMMES

edeka.de/pommes

Zubereitung ca. 25 Minuten I **Utensilien** Plattiereisen oder Stieltopf I **Pro Portion** ca. 625 kcal, 40 g E, 36 g F, 35 g KH

ACH SO!

Klar, das Fleisch ist auch wichtig –
aber diese göttliche Panade!
Die haben wir schon immer
geliebt. In manchen Küchen wird
sie nicht mit Sahne, sondern
mit Milch zubereitet. Völlig okay.
Fluffig macht beides.

KROSS GEBRATENE
ENTE

1 Am Vortag die Ente von innen und außen gründlich abspülen und trocken tupfen. Die Flügelspitzen am Gelenk abtrennen und beiseitelegen. Die Ente innen und außen mit Salz und Pfeffer einreiben. Keulen und Flügel mit Küchengarn zusammenbinden. Die Ente auf eine Platte legen, mit einem Küchenhandtuch abdecken und über Nacht in den Kühlschrank stellen. Die Innereien anderweitig verwenden.

2 Am Vortag Möhren und Sellerie putzen, waschen, in ca. 2 cm große Stücke schneiden. Zwiebeln ungeschält in grobe Stücke schneiden. Den Apfel mit Kerngehäuse in ca. 2 cm große Stücke schneiden.

3 Das Öl in einem Bräter erhitzen. Flügelspitzen und Hals in ca. 2 cm große Stücke teilen, dann mit dem Entenklein im heißen Öl 10–15 Minuten bei mittlerer Hitze rundherum goldbraun rösten. Möhren, Sellerie und Zwiebeln zugeben, unter häufigem Rühren rösten. Den Apfel hinzufügen, leicht salzen, kurz mitrösten. Das Tomatenmark untermischen, unter Rühren 1–2 Minuten anrösten. Mit Portwein und Rotwein ablöschen. Den Bratensatz lösen und fast vollständig einkochen lassen. Entenfond angießen, bei mittlerer Hitze ca. 1 Stunde offen kochen. Durch ein Sieb in einen Topf gießen, abkühlen lassen, kalt stellen und am nächsten Tag nach Belieben entfetten.

4 Die Ente ca. 1 Stunde vor der Zubereitung aus dem Kühlschrank nehmen. Mit der Brustseite nach unten mittig auf ein Ofengitter setzen und auf der mittleren Schiene in den kalten Ofen schieben. Eine Fettpfanne direkt unter das Gitter schieben. Die Ente bei 160 Grad ca. 50 Minuten garen. Das ausgetretene Fett aus der Fettpfanne entfernen und 300 ml Wasser angießen. Die Ente wenden und 2–2 ½ Stunden garen. Die Temperatur in den letzten ca. 10 Minuten auf 220 Grad erhöhen. Die Ente nun auf eine Platte setzen, ca. 10 Minuten im ausgeschalteten Ofen bei offener Tür ruhen lassen.

5 Die Bratflüssigkeit aus der Fettpfanne zur Entensauce geben, alles aufkochen, nach Belieben mit Speisestärke binden. Die Ente mit der Sauce servieren. Dazu passen Klöße (siehe rechts) und Rotkohl.

FÜR 4 PORTIONEN

1	**Ente (ca. 1,8 kg; küchenfertig)**
	Salz, Pfeffer
150 g	**Möhren**
150 g	**Staudensellerie**
3	**Zwiebeln**
1	**Apfel**
3 EL	**neutrales Öl**
500 g	**Entenklein**
1 EL	**Tomatenmark**
100 ml	**roter Portwein**
250 ml	**trockener Rotwein**
750 ml	**Entenfond**
1–2 TL	**Speisestärke**

Außerdem:

Küchengarn

Zubereitung ca. 3 Stunden 40 Minuten + 1 Tag Kühlzeit I **Utensilien** Bräter, feines Sieb, Fettpfanne I **Pro Portion** ca. 1.035 kcal, 75 g E, 69 g F, 16 g KH

WIE MACHT MAN EIGENTLICH
THÜRINGER KLÖSSE?

Die Mischung macht's! Das gilt bei dieser traditionellen Beilage besonders. Fürs echte Geschmackserlebnis bereiten wir die Kloßmasse deshalb aus zwei Dritteln rohen und einem Drittel gekochten Kartoffeln zu. Dazu ein wenig Salz – das war's!

SCHRITT 3

Inzwischen 1 kg mehligkochende Kartoffeln fein reiben, in ein sauberes Küchenhandtuch geben und über einer Schüssel auswringen, bis die Masse ganz trocken ist. Sofern sich die Stärke des ausgepressten Kartoffelwassers abgesetzt hat, das Wasser abgießen, die Stärke auffangen und zur Kartoffelmasse geben.

SCHRITT 1

Für ca. 6 Klöße zuerst 1 Brötchen in Würfel schneiden und in einer Pfanne in 1 EL heißer Butter goldbraun rösten.

SCHRITT 2

500 g mehligkochende Kartoffeln schälen, waschen und in Salzwasser 25–30 Minuten kochen.

SCHRITT 5

Aus der Masse mit angefeuchteten Händen ca. 6 Klöße formen. Dabei jeweils in die Mitte geröstete Brotwürfel geben. Die Klöße in kochendes Salzwasser legen, dann bei kleiner Hitze 20–25 Minuten ziehen lassen. Mit einem Schaumlöffel herausheben und servieren.

SCHRITT 4

Nun die gekochten Salzkartoffeln – sie müssen unbedingt noch heiß sein – stampfen und mit der rohen Kartoffelmasse schnell und kräftig vermischen.

SCHON GEWUSST?
DAMIT DER KLOSSTEIG SCHÖN HELL BLEIBT, EIN WENIG ESSIG ZU DEN GERIEBENEN KARTOFFELN GEBEN ODER KLOSSWEISS AUS IHREM MARKT BESORGEN.

1
KLASSISCHES RINDERGULASCH

FÜR 6 PORTIONEN

1 1 **Gemüsezwiebel** schälen und würfeln. In einem ofenfesten Schmortopf 3 **EL Butterschmalz** erhitzen. Die Zwiebel darin bei mittlerer Hitze ca. 25 Minuten goldgelb dünsten, dabei regelmäßig umrühren. Nach ca. 20 Minuten 1 **EL Kümmelsaat** dazugeben.

2 1,5 kg **Rindfleisch (z. B. aus der Wade oder der Schulter)** in ca. 5 cm große Würfel schneiden und leicht **salzen** und **pfeffern.** 2 **Knoblauchzehen** schälen, grob hacken. Den Backofen auf 180 Grad (Umluft 160) vorheizen. 3 **EL edelsüßes Paprikapulver, 1 TL rosenscharfes Paprikapulver, 4 EL Tomatenmark** und den Knoblauch in den Schmortopf geben und 1–2 Minuten andünsten. 3 **EL Rotweinessig, 700 ml kräftige Rinderbrühe,** das Rindfleisch und 2 **Lorbeerblätter** dazugeben und alles aufkochen. Gulasch im heißen Ofen zugedeckt auf der mittleren Schiene 3–3 ½ Stunden schmoren. Nach ca. 2 Stunden die Temperatur auf 160 Grad (Umluft 140) runterschalten.

3 Für das Gulaschgewürz 1 **EL Kümmelsaat** in einer Pfanne ohne Fett anrösten, anschließend herausnehmen, abkühlen lassen und im Mörser grob zerstoßen. Die **Blättchen von 5 Petersilienstielen** abzupfen und fein hacken. 1 **Knoblauchzehe** schälen, fein hacken. Alles mit 1 **Prise Cayennepfeffer** und 1 **EL abgeriebener Bio-Zitronenschale** mischen. Das Gulasch mit **Salz, Pfeffer** und Gulaschgewürz abschmecken. Lorbeerblätter vor dem Servieren entfernen. Dazu passen Spätzle (siehe auch Käsespätzle, Seite 77).

Zubereitung ca. 4 Stunden I **Utensilien** ofenfester Schmortopf, Mörser I **Pro Portion** ca. 656 kcal, 59 g E, 44 g F, 7 g KH

2
WILDSCHWEIN-GULASCH

FÜR 6 PORTIONEN

1 1 **Sternanis,** 2 **Nelken,** 5 **Pimentkörner,** 5 **Wacholderbeeren,** 1 **TL Koriandersaat** und ½ **TL Pfefferkörner** erst in einer Pfanne ohne Fett 1–2 Minuten rösten. Herausnehmen, abkühlen lassen, dann mit ½ **TL Salz** im Mörser fein zerstoßen. 1,5 kg **Wildschweinfleisch (aus der Schulter)** abspülen, trocken tupfen und in ca. 5 cm große Würfel schneiden. Mit den gerösteten Gewürzen vermengen, danach ca. 30 Minuten ruhen lassen. 10 **Schalotten** und 2 **Knoblauchzehen** schälen, würfeln. Backofen auf 160 Grad (Umluft 140) vorheizen. 5 **EL Sonnenblumenöl** in einem ofenfesten Bräter erhitzen. Das Fleisch darin bei starker Hitze in 2–3 Portionen rundherum scharf anbraten und herausnehmen.

2 Öl aus dem Bräter entfernen. 3 **EL Butterschmalz** hineingeben und erhitzen. Darin die Schalotten 8–10 Minuten unter Rühren goldgelb braten. Knoblauch zufügen und anrösten. 1 **EL Tomatenmark** zugeben, ca. 1 Minute unter Rühren rösten. Fleisch und 2 **Lorbeerblätter** hinzufügen. Mit 2 **EL Balsamicoessig** und 100 **ml Rotwein** ablöschen, stark einkochen. Vorgang **mit gleicher Menge Essig und Wein zweimal wiederholen.** Mit 500 **ml Wildfond** und 300 ml Wasser auffüllen. Zugedeckt im heißen Ofen ca. 2 Stunden garen. Gelegentlich umrühren. Den Deckel entfernen, ca. 30 Minuten offen zu Ende garen. 4 **EL Wildpreiselbeeren** unterrühren, mit **Salz** und **Pfeffer** abschmecken. **Blättchen von 5 Petersilienstielen** hacken, untermischen. Das Gulasch servieren, die Lorbeerblätter vor dem Verzehr entfernen.

Zubereitung ca. 3 Stunden 30 Minuten I **Utensilien** Mörser, Bräter I **Pro Portion** ca. 556 kcal, 55 g E, 30 g F, 8 g KH

1

2

ACH SO!
Sie kennen Frikassee mit Spargel und Pilzen aus dem Glas?
Wir auch. Später kamen frische Zutaten dazu. Überraschung:
Im ursprünglichen „Berliner Hühnerfrikassee" gab's
Erlesenes wie Kalbsbries, Morcheln oder Krebsfleisch.

HÜHNER-FRIKASSEE

FÜR 4 PORTIONEN

1	**Zwiebel**
4	**Hähnchenkeulen (à ca. 350 g)**
3	**Lorbeerblätter**
1 TL	**schwarze Pfefferkörner**
4	**Wacholderbeeren**
1	**Gewürznelke**
100 ml	**trockener Weißwein**
	Salz
500 g	**weißer Spargel**
250 g	**grüner Spargel**
150 g	**kleine Champignons**
30 g	**Butter**
30 g	**Mehl**
100 ml	**Schlagsahne**
	Cayennepfeffer
1–2 TL	**Zitronensaft**
3 Stiele	**Estragon (ersatzweise glatte Petersilie oder 1–2 TL getrockneter Estragon)**

1 Die Zwiebel mit Schale halbieren und die Schnittflächen in einer beschichteten Pfanne ohne Fett dunkelbraun rösten. Hähnchenkeulen abspülen und mit der angerösteten Zwiebel, Lorbeerblättern, Pfefferkörnern, Wacholderbeeren, der Nelke, Weißwein und 1,5 l kaltem Wasser in einen Topf geben. Salzen und zugedeckt bei milder bis mittlerer Hitze langsam zum Kochen bringen. Dann ca. 30 Minuten bei milder Hitze garen.

2 Inzwischen den weißen Spargel waschen und schälen, den grünen Spargel waschen. Von beiden Sorten die Enden abschneiden und die Stangen in ca. 2 cm lange Stücke schneiden. Die Champignons säubern, putzen und halbieren.

3 Die Hähnchenkeulen aus der Brühe heben und lauwarm abkühlen lassen. Die Brühe durch ein feines Sieb gießen und auffangen. 600 ml Brühe abmessen.

4 Die Butter in einem Topf bei mittlerer Hitze schmelzen, das Mehl zugeben und unter Rühren aufschäumen lassen. Die abgemessene Brühe nach und nach unter Rühren zugießen und aufkochen. Sahne, Spargelstücke und Champignons hinzufügen. Die Sauce erneut aufkochen und das Gemüse ca. 5 Minuten bei mittlerer Hitze garen.

5 Die Hähnchenkeulen häuten. Das Fleisch vom Knochen lösen, grob zerzupfen oder schneiden. Das Fleisch zur Sauce geben, alles ca. 5 Minuten garen. Mit Salz, Cayennepfeffer und Zitronensaft abschmecken. Die Estragonblättchen abzupfen, evtl. kleiner schneiden und kurz vor dem Servieren unter das Frikassee mischen. Dazu passt Reis.

Zubereitung ca. 50 Minuten I **Utensilien** Spargelschäler, feines Sieb I **Pro Portion** ca. 607 kcal, 63 g E, 32 g F, 13 g KH

RHEINISCHER
SAUERBRATEN

FÜR 6 PORTIONEN

3	**Möhren**
150 g	**Knollensellerie**
3	**Zwiebeln**
1 Stange	**Lauch**
750 ml	**trockener Rotwein**
150 ml	**Rotweinessig**
2	**Lorbeerblätter**
5	**Wacholderbeeren**
3	**Pimentkörner**
1 TL	**schwarze Pfefferkörner**
1,3 kg	**Rinderschmorbraten**
	Salz, Pfeffer
2 EL	**Butterschmalz**
1 TL	**Tomatenmark**
75 g	**Pumpernickel**
50 g	**Sultaninen**

1 Möhren, Sellerie und Zwiebeln schälen und grob würfeln. Den Lauch putzen, längs halbieren, gründlich waschen, in ca. 2 cm breite Stücke schneiden. Das Gemüse mit Rotwein, Essig, den Lorbeerblättern, den Wacholderbeeren, Piment und Pfeffer in einem Topf einmal aufkochen. Vollständig abkühlen lassen.

2 Den Schmorbraten in die abgekühlte Marinade legen, sodass er komplett damit bedeckt ist. Restliche Marinade evtl. umfüllen. Den Braten zugedeckt im Kühlschrank 2 Tage marinieren. Nach 1 Tag das Fleisch in der Marinade wenden.

3 Das Fleisch aus der Marinade nehmen und mit Küchenpapier trocken tupfen. Mindestens 1 Stunde Raumtemperatur annehmen lassen. Die Marinade durch ein Sieb gießen und auffangen. Das Gemüse gründlich abtropfen lassen.

4 Den Braten von allen Seiten salzen. Das Butterschmalz in einem Bräter erhitzen, das Fleisch darin rundherum hellbraun anbraten und herausnehmen. Das abgetropfte Gemüse in den Bratensatz geben und ca. 5 Minuten kräftig braten. Das Tomatenmark hinzufügen und ca. 3 Minuten mitbraten. Alles mit der Marinade ablöschen, aufkochen und das Fleisch hineinsetzen. Zugedeckt bei mittlerer bis milder Hitze ca. 2 Stunden schmoren.

5 Das Fleisch aus dem Sud nehmen und zugedeckt beiseitestellen. Den Sud durch ein Sieb in einen Topf gießen. Pumpernickel hineinbröseln und den Sud aufkochen. Ca. 2 Minuten zugedeckt kochen, dann mit dem Pürierstab fein mixen. Die Sultaninen dazugeben und die Sauce mit Salz und Pfeffer abschmecken. Den Braten mit der Sauce servieren. Dazu passen Kartoffelklöße (siehe Rezept Seite 103) und Rotkohl.

Zubereitung ca. 3 Stunden + 2 Tage Marinierzeit I **Utensilien** feines Sieb, Bräter, Pürierstab I **Pro Portion** ca. 611 kcal, 44 g E, 32 g F, 19 g KH

ACH SO!
Den sauren Braten gibt's auch in Franken, Sachsen, Baden, Schwaben oder Westfalen. Das Besondere am rheinischen? Die Süße! Durch Rosinen, durch einen Esslöffel Zuckerrübensirup oder Apfelkraut. Ganz schön jeck!

BRATHÄHNCHEN
MIT OFENGEMÜSE

FÜR 4 PORTIONEN

80 g	**Butterschmalz**
1 EL	**Paprikapulver, edelsüß**
½ TL	**Paprikapulver, rosenscharf**
½ TL	**Currypulver**
	Salz, Pfeffer
1	**Brathähnchen (ca. 1,4 kg)**
600 g	**Drillinge (kleine Kartoffeln)**
2	**Möhren**
1	**Petersilienwurzel**
200 g	**Schalotten**
1	**junge Knoblauchknolle**
1 EL	**Olivenöl**
2 EL	**Zitronensaft**

Außerdem:

Küchengarn

1 Den Backofen auf 160 Grad (Umluft 140) vorheizen. Das Butterschmalz in einem Topf schmelzen. Beide Sorten Paprikapulver, Currypulver und 1 TL Salz untermischen. Das Hähnchen von innen und außen gründlich abspülen, trocken tupfen, innen und außen mit Salz würzen. Keulen und Flügel mit Küchengarn zusammenbinden. Das Hähnchen mit dem Butterschmalz bestreichen und mit der Brustseite nach oben in einen flachen Bräter setzen. Die Kartoffeln gründlich waschen, längs halbieren und im Bräter verteilen. Alles im heißen Ofen ca. 30 Minuten auf der mittleren Schiene garen.

2 Inzwischen Möhren und Petersilienwurzel putzen, schälen und in mundgerechte Stücke schneiden. Die Schalotten schälen und halbieren oder vierteln. Die Knoblauchknolle halbieren. Alles in einer Schüssel mit dem Olivenöl mischen, mit Salz und Pfeffer würzen.

3 Das Gemüse nach ca. 30 Minuten im Bräter um das Hähnchen herum verteilen und 100 ml Wasser angießen. Die Temperatur auf 180 Grad (Umluft 160) erhöhen und weitere ca. 50 Minuten garen. Dabei öfter mit der Butterschmalzmischung bestreichen. Das Gemüse ggf. 1- bis 2-mal wenden. Die Temperatur in den letzten ca. 10 Minuten auf 220 Grad (Umluft 200) erhöhen. Das Hähnchen nach Garzeitende ca. 5 Minuten im ausgeschalteten Backofen ruhen lassen. Hähnchen und Gemüse mit Zitronensaft beträufeln und servieren.

Auch aus dem Ofen, aber mit besonderer Würze:

OFENHUHN MIT ZITRONE

edeka.de/zitronenhuhn

Zubereitung ca. 2 Stunden | **Utensilien** Bräter | **Pro Portion** ca. 946 kcal, 76 g E, 56 g F, 31 g KH

FRIKADELLEN
MIT ERBSEN UND MÖHREN

FÜR 4 PORTIONEN

Für die Frikadellen:

2	**Brötchen vom Vortag**
200 ml	**Milch**
100 g	**Zwiebeln**
5 EL	**Öl**
5 Stiele	**Petersilie**
2	**Eier (Größe M)**
700 g	**gemischtes Hackfleisch**
	Salz, Pfeffer
3 EL	**Butterschmalz**

Für das Gemüse:

500 g	**Möhren**
1	**Knoblauchzehe**
1 EL	**Mehl**
3 EL	**Butter**
	Salz, Pfeffer
300 g	**TK-Erbsen**
1 Prise	**geriebene Muskatnuss**
1–2 TL	**Zitronensaft**

1 Den Backofen auf 160 Grad (Umluft 140) vorheizen. Die Brötchen klein schneiden und in der Milch einweichen. Die Zwiebeln schälen, fein würfeln und in einer Pfanne in 2 EL heißem Öl bei mittlerer Hitze ca. 4 Minuten glasig dünsten. Die Petersilienblättchen abzupfen, fein hacken und dazugeben.

2 Die Brötchen ausdrücken und zerzupfen. Mit Eiern, Hack, Zwiebelmischung, Salz und Pfeffer verkneten. Aus der Masse 8 Frikadellen formen, auf einem geölten Teller zugedeckt beiseitestellen.

3 Die Möhren putzen, schälen, längs halbieren und schräg in dünne Scheiben schneiden. Die Knoblauchzehe andrücken. Das Mehl mit 1 EL Butter verkneten.

4 Butterschmalz und das restliche Öl in einer großen ofenfesten Pfanne erhitzen. Die Frikadellen darin von beiden Seiten goldbraun anbraten. Anschließend im heißen Ofen auf der untersten Schiene ca. 12 Minuten garen.

5 Inzwischen die restliche Butter in einem Topf erhitzen. Möhren und Knoblauch darin 2–3 Minuten andünsten. 100 ml Wasser zugießen, alles salzen und ca. 3 Minuten zugedeckt garen. Die Mehlbutter untermischen, die Erbsen zufügen und alles bei milder Hitze 2–3 Minuten offen einkochen (ggf. noch etwas Wasser zugeben). Mit Salz, Pfeffer, Muskatnuss und Zitronensaft abschmecken.

6 Die Frikadellen mit den Erbsen und Möhren anrichten. Dazu passen Senf und Salzkartoffeln.

Zubereitung ca. 1 Stunde | **Utensilien** ofenfeste Pfanne | **Pro Portion** ca. 946 kcal, 48 g E, 69 g F, 32 g KH

LEBER
MIT RÖSTZWIEBELN

1 Die Kartoffeln schälen und vierteln, in einem Topf mit kaltem Wasser bedecken, salzen und aufkochen. Dann bei mittlerer Hitze ca. 20 Minuten zugedeckt garen.

2 Für die Röstzwiebeln die Zwiebeln schälen und in feine Streifen schneiden. Das Butterschmalz in einer Pfanne erhitzen. Die Zwiebeln darin bei mittlerer Hitze 10–15 Minuten goldgelb braten, mit Salz würzen und anschließend herausnehmen.

3 Den Apfel schälen, vierteln, entkernen und fein würfeln. Mit Zucker und Zitronensaft mischen. Schnittlauch in feine Röllchen schneiden. Die Salbeiblätter abzupfen. Die Kartoffeln abgießen und kurz ausdampfen lassen. Milch, Sahne und Butter erwärmen. Die Kartoffeln 2-mal durch die Kartoffelpresse drücken (oder mit dem Kartoffelstampfer fein stampfen). Die Milch-Butter-Mischung dazugeben, mit Salz und Muskatnuss würzen und das Püree warm halten.

4 Die Leber abspülen, mit Küchenpapier trocken tupfen und im Mehl wenden. Überschüssiges Mehl abklopfen. Öl und Butter in einer Pfanne erhitzen. Die Leber bei mittlerer bis starker Hitze ca. 2 Minuten auf jeder Seite braten. Äpfel und Salbei zugeben, mitbraten. Alles salzen und pfeffern. Die Röstzwiebeln zufügen, kurz erwärmen. Die Leber mit Kartoffelpüree, Äpfeln und Zwiebeln servieren. Mit Schnittlauch bestreuen.

FÜR 4 PORTIONEN
Für das Kartoffelpüree:

1 kg	**Kartoffeln, mehligkochend**
	Salz
200 ml	**Milch**
50 ml	**Schlagsahne**
3 EL	**Butter**
1 Prise	**geriebene Muskatnuss**

Für die Röstzwiebeln:

400 g	**Zwiebeln**
2 EL	**Butterschmalz**
	Salz

Für die Kalbsleber:

1	**säuerlicher Apfel**
1 Prise	**Zucker**
2–3 EL	**Zitronensaft**
½ Bund	**Schnittlauch**
4 Stiele	**Salbei**
4 Scheiben	**Kalbsleber (à ca. 150 g)**
4 EL	**Mehl**
2 EL	**Sonnenblumenöl**
2 EL	**Butter**
	Salz, Pfeffer

Zubereitung ca. 1 Stunde | **Utensilien** evtl. Kartoffelpresse | **Pro Portion** ca. 753 kcal, 39 g E, 37 g F, 64 g KH

IN BERLIN

... ist die Kalbsleber mit Äpfeln und Zwiebeln heimisch. In den Kneipen wandern Buletten, Soleier (in Essig eingelegte Eier) und Hoppel-Poppel über den Tresen, eine Art Bauernfrühstück (siehe Seite 63). Berühmt ist die Hauptstadt für Currywurst (siehe Seite 96) und Berliner Weiße – ein Weißbiermix mit Himbeer- oder Waldmeistersirup.

ACH SO!

Kassler kommt aus Kassel? Definitiv nicht.
Und auch die Geschichte von der Erfindung durch
den Berliner Metzger Cassel ist nicht belegt.
Langweilig, aber am wahrscheinlichsten: die
Ableitung vom Wort „Kasserolle" (Schmortopf).

KASSLER
MIT SAUERKRAUT

FÜR 4 PORTIONEN

2	**Zwiebeln**
1	**Apfel**
2 EL	**Sonnenblumenöl**
2 TL	**Zucker**
1 Dose	**Sauerkraut (ca. 810 g)**
300 ml	**Fleischbrühe**
3	**Lorbeerblätter**
5	**Wacholderbeeren**
	Salz, Pfeffer
1,25 kg	**Kasslernacken am Stück (ohne Knochen)**
800 g	**Kartoffeln, vorwiegend festkochend**
1 Bund	**glatte Petersilie**
1 EL	**Butter**

1 Die Zwiebeln schälen, halbieren und in Streifen schneiden. Den Apfel schälen, vierteln, entkernen und in dünne Scheiben schneiden. Das Öl in einem Bräter erhitzen und die Zwiebeln darin glasig dünsten. Den Zucker dazugeben und leicht karamellisieren. Das Sauerkraut mit Sud und die Apfelscheiben unterrühren. Fleischbrühe, Lorbeerblätter und Wacholderbeeren hinzufügen. Mit Salz und Pfeffer würzen. Zugedeckt aufkochen. Den Kasslernacken auf das Sauerkraut setzen und zugedeckt bei mittlerer Hitze ca. 45 Minuten schmoren.

2 Inzwischen die Kartoffeln schälen und, je nach Größe, vierteln oder halbieren. In einem Topf mit kaltem Wasser bedecken, salzen. Die Kartoffeln ca. 20 Minuten vor Garzeitende des Kasslers aufkochen und bei mittlerer Hitze und leicht geöffnetem Deckel 18–20 Minuten garen. Die Petersilienblättchen abzupfen und fein hacken. Die Kartoffeln abgießen und wieder zurück in den Topf geben. Die Butter zufügen, schmelzen lassen und die Kartoffeln darin schwenken. Das Kassler aus dem Sauerkraut heben und in Scheiben schneiden. Mit dem Sauerkraut und den Kartoffeln anrichten und mit der Petersilie bestreuen. Die Lorbeerblätter vor dem Verzehr entfernen.

TIPP: Wer es noch fruchtiger mag, gibt 10 Minuten vor Garzeitende eine Handvoll kleine kernlose Weintrauben zum Sauerkraut.

Zubereitung ca. 1 Stunde | **Utensilien** Bräter | **Pro Portion** ca. 807 kcal, 78 g E, 37 g F, 41 g KH

GEFÜLLTE
PAPRIKA

4 Stiele	**Petersilie**
2	**Zwiebeln**
2	**Knoblauchzehen**
4 EL	**Olivenöl**
2 EL	**Paprikapulver, edelsüß**
1 TL	**Paprikapulver, rosenscharf**
1 EL	**getrockneter Majoran**
400–500 g	**gemischtes Hackfleisch**
1–2 EL	**Semmelbrösel**
6	**mittelgroße Paprikaschoten**
1 EL	**Butter**
1 EL	**Mehl**
300 ml	**Geflügelbrühe**
300 g	**passierte Tomaten**
	Salz, Pfeffer
	Zucker
2	**Eier (Größe M)**
100 g	**gekochter Parboiled Reis**

1 Die Petersilienblättchen abzupfen und fein hacken. Zwiebeln und Knoblauch schälen, beides fein würfeln. 2 EL Olivenöl in einer Pfanne erhitzen, Zwiebeln und Knoblauch darin goldgelb anschwitzen. Beide Sorten Paprikapulver, Majoran und die Hälfte der Petersilie dazugeben, vom Herd ziehen und abkühlen lassen.

2 Das Hackfleisch und die Semmelbrösel in eine große Schüssel geben und 2–3 Minuten mit den Händen kräftig durchkneten. Durch das Kneten bekommt das Hack später eine feinere Konsistenz.

3 Paprika waschen, die Deckel abschneiden, Kerne und Trennhäute entfernen. Die Unterseite mit dem Messer leicht begradigen, damit sie nicht umfallen. Die Butter in einem ofenfesten Bräter schmelzen und aufschäumen lassen. Das Mehl darin 3–4 Minuten unter Rühren hell anschwitzen. Die kalte Brühe mit dem Schneebesen einrühren. Passierte Tomaten zufügen, mit Salz, Pfeffer und 1 Prise Zucker würzen.

4 Den Backofen auf 180 Grad (Umluft 160) vorheizen. Abgekühlte Zwiebelmischung, Eier und Reis zum Hackfleisch geben und kräftig mit Salz und Pfeffer würzen. Die Masse nochmals 2–3 Minuten zu einem glatten Teig verkneten. Den Hackteig in 6 Portionen teilen.

5 Die Paprika innen leicht salzen und pfeffern, dann mit dem Hackteig füllen. In den Bräter setzen und mit dem restlichen Olivenöl beträufeln. Die Deckel neben die Schoten legen. Im heißen Ofen 30–40 Minuten schmoren. Die Deckel ca. 10 Minuten vor Ende der Garzeit auf die Schoten setzen. Die gefüllten Paprika mit der restlichen Petersilie bestreut servieren.

Zubereitung ca. 1 Stunde 20 Minuten | **Utensilien** Bräter | **Pro Portion** ca. 411 kcal, 23 g E, 30 g F, 12 g KH

BIO-WEIDERIND

Ist es sein kräftiger Geschmack? Oder die enorme Vielfalt an Zubereitungsmöglichkeiten? Fest steht: Genießer:innen schwören auf Rindfleisch.

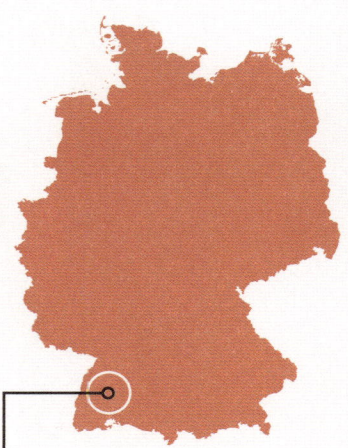

WEIDEREGION
Der Südschwarzwald ist ideal für die Rinderhaltung. Die Kräuter, die dort auf den Weiden wachsen, verleihen dem Fleisch einen besonderen Geschmack.

GRÜNFUTTER
Sind Rinder möglichst viel auf der Weide, macht sich das bemerkbar: Ihr Fleisch ist zart, feinfaserig und äußerst schmackhaft.

O b Steak oder Braten: Beim Kauf von Rindfleisch wird immer mehr auf Qualität geachtet. Und die hängt von Rasse, Alter, Gewicht und der Art der Tierhaltung ab. Nicht zu vergessen: die Reifung. Das Fleisch hängt bis zu zwei Wochen im Kühlhaus ab, so wird es zart, saftig und aromatisch. Am besten schmecken Stücke vom Rind, die nicht zu mager, sondern marmoriert sind. Ideal zum Kurzbraten ist das Filet, Nacken und Hüfte lassen sich gut schmoren. Wer Rouladen liebt, kauft Fleisch aus Ober- oder Unterschale, Steakfans wählen etwa Rumpsteak. Ihnen liegt nicht nur guter Geschmack, sondern auch das Tierwohl am Herzen? Dann achten Sie auf die Herkunft des Fleisches. EDEKA Südwest versorgt Sie seit 20 Jahren mit bester Ware von der Erzeugergemeinschaft Schwarzwald Bio-Weiderind. Dahinter steckt ein Zusammenschluss von Landwirt:innen, die ihre Weideflächen nach den Regeln des ökologischen Landbaus bewirtschaften. Auch der Betrieb von Vorstand Markus Kaiser gehört dazu: Sein Goldbachhof ist ein modern geführter Familienbetrieb. Wie auch bei den anderen Mitgliedern werden die Kühe hier nicht gemolken: Die gesamte Milch dient der Kälberaufzucht. Die Tiere stehen von Mai bis Oktober auf der Weide, ernähren sich von Gras und Kräutern. So werden Tierwohl und Fleischqualität bestens vereint.

3
ZENTIMETER
dick – das sind ungefähr zwei bis drei Finger – sollte ein Steak mindestens sein.

SCHWARZWALD BIO-WEIDERIND

TIERFREUND
Für Markus Kaiser vom Goldbachhof in Bernau steht das Wohl der Tiere, aber auch die Landschaftspflege im Mittelpunkt.

RINDER-TATAR

FÜR 4 PORTIONEN

400 g	**frische Rinderfiletspitze (alternativ Roastbeef ohne Fettdeckel)**
1	**Schalotte**
3	**Cornichons**
2 TL	**Kapern**
2	**Sardellenfilets in Öl**
2	**ganz frische Eigelb (Größe M, am besten Bio-Eier)**
1 TL	**Dijonsenf**
1 TL	**Ketchup**
	Salz, Pfeffer
	Cayennepfeffer
½ Bund	**Schnittlauch**
	Meersalzflocken
evtl. 4	**ganz frische Eigelb (Größe S, am besten Bio-Eier) zum Anrichten**

1 Das Fleisch mit einem scharfen Messer zuerst in lange dünne Scheiben, dann in dünne Streifen schneiden. Anschließend für ca. 10 Minuten ins Gefrierfach legen. Die angefrorenen Rindfleischstreifen sehr fein würfeln und kurz mit dem Messer durchhacken.

2 Die Schalotte schälen, fein würfeln, im Sieb abspülen, abtropfen lassen und mit Küchenpapier trocken tupfen. Cornichons, Kapern und Sardellen abtropfen lassen und fein hacken. Alles vermischen. Das Eigelb mit Senf und Ketchup in einer großen Schüssel glatt rühren. Mit 1 Prise Salz, Pfeffer und Cayennepfeffer würzen. Das Fleisch dazugeben und sehr vorsichtig mit 2 Gabeln vermengen. Den Schnittlauch in feine Röllchen schneiden. Das Tatar mit Meersalzflocken und Pfeffer würzen, portionsweise anrichten. Mit Schnittlauch und Schalottenmischung bestreuen. Nach Belieben jeweils 1 rohes Eigelb auf das Tatar setzen.

Zubereitung ca. 30 Minuten | *Utensilien* Sieb | *Pro Portion* ca. 203 kcal, 26 g E, 10 g F, 3 g K

SCHWEINE-LENDCHEN
IN PILZSAUCE

FÜR 4 PORTIONEN

600 g	**Schweinefilet**
1	**Zwiebel**
300 g	**braune Champignons**
1 Bund	**glatte Petersilie**
4 EL	**Öl**
	Salz, Pfeffer
1 EL	**Butter**
100 ml	**trockener Weißwein**
150 ml	**Gemüsebrühe**
200 ml	**Schlagsahne**
1 Prise	**frisch geriebene Muskatnuss**

1 Das Schweinefilet ca. 1 Stunde vor der Zubereitung aus dem Kühlschrank nehmen. Dann das Fleisch abspülen und mit Küchenpapier trocken tupfen. Die Zwiebel schälen und fein würfeln. Die Pilze putzen und, wenn nötig, mit einem Pinsel abbürsten und in Scheiben schneiden. Die Petersilienblättchen abzupfen und fein hacken. Das Fleisch in ca. 3 cm breite Stücke schneiden.

2 In einer Pfanne 2 EL Öl erhitzen. Die Filetstücke darin von beiden Seiten je 2–3 Minuten braun anbraten. Salzen und pfeffern, herausnehmen und zugedeckt beiseitestellen. Das restliche Öl in die Pfanne geben und die Zwiebelwürfel darin ca. 1 Minute anbraten. Die Pilze und die Butter hinzufügen und bei großer Hitze unter gelegentlichem Rühren ca. 5 Minuten kräftig anbraten.

3 Die Pilze mit Weißwein ablöschen und offen bei starker Hitze bis auf einen kleinen Rest einkochen lassen. Brühe und Sahne angießen und aufkochen. Die Sauce bei starker Hitze dicklich einkochen lassen. Mit Salz, Pfeffer und Muskat abschmecken. Die Filetstücke in die Sauce geben und ca. 2 Minuten erhitzen. Die Petersilie unterrühren und die Lendchen servieren. Dazu passen Bandnudeln und Salat.

TIPP: Im Herbst die Lendchen auch gerne mal mit frischen Kräuterseitlingen probieren.

Zubereitung ca. 30 Minuten | **Utensilien** evtl. Küchenpinsel | **Pro Portion** ca. 492 kcal, 38 g E, 34 g F, 6 g KH

HÄHNCHEN-CORDON-BLEU

FÜR 4 PORTIONEN

4	**Hähnchenbrustfilets (à ca. 200 g)**
120 g	**mittelalter Gouda am Stück**
4 Scheiben	**gekochter Schinken**
200 g	**Mehl**
300 g	**Semmelbrösel**
4	**Eier (Größe M)**
4 EL	**Schlagsahne**
	Salz, Pfeffer
5 EL	**Butterschmalz**
1	**Bio-Zitrone**

Außerdem:

evtl. kleine Holzspieße (Zahnstocher)

1 Die Hähnchenbrustfilets abspülen, mit Küchenpapier trocken tupfen und mit einem scharfen Messer waagerecht so einschneiden, dass jeweils 1 Tasche entsteht. Den Gouda in 4 gleich große, längliche Stücke schneiden und in je 1 Scheibe Schinken wickeln. Jetzt die Schinken-Käse-Päckchen in die Hähnchenbrustfilets legen und diese ggf. mit Holzspießen verschließen.

2 Mehl, Semmelbrösel und Eier getrennt voneinander in je eine tiefe Schale geben. Die Eier mit Sahne, Salz und Pfeffer kräftig verquirlen. Die Hähnchenbrustfilets erst im Mehl wenden, dabei überschüssiges Mehl abklopfen. Dann durch die Eiermischung ziehen und mit den Semmelbröseln panieren. Erneut durch die Eiermischung ziehen und noch einmal in den Semmelbröseln wenden.

3 Das Butterschmalz in einer großen Pfanne erhitzen. Die Cordons bleus darin anbraten und bei mittlerer Hitze ca. 10 Minuten auf jeder Seite goldbraun braten. Dabei gelegentlich mit dem Butterschmalz beschöpfen. Die Zitrone heiß waschen, trocken reiben und in Spalten schneiden. Die Cordons bleus aus der Pfanne nehmen, auf Küchenpapier abtropfen lassen und mit den Zitronenspalten servieren. Dazu passen Blatt- oder Gurkensalat (siehe Rezept Seite 51) und Bratkartoffeln (siehe Rezept Seite 155).

Sie mögen es noch deftiger und saftiger? Dann ist diese Variante optimal:

SCHWEINE-CORDON-BLEU

edeka.de/cordon-bleu

Zubereitung ca. 50 Minuten I **Pro Portion** ca. 891 kcal, 77 g E, 38 g F, 61 g KH

ACH SO!
Tafelspitz – kennen Süddeutsche von zuhause. Die anderen aus dem Urlaub. Was dahintersteckt? Das Schwanzstück vom Rind, superzart. Das Gericht stammt ursprünglich aus Österreich, ist aber schon vor Ewigkeiten bei uns gelandet.

TAFELSPITZ
MIT MEERRETTICHSAUCE

FÜR 4 PORTIONEN

1 kg	**Tafelspitz**
2	**Zwiebeln**
	Salz, Pfeffer
1 TL	**schwarze Pfefferkörner**
2	**Lorbeerblätter**
3	**Möhren**
1	**Petersilienwurzel**
150 g	**Knollensellerie**
1 Stange	**Lauch**
30 g	**Butter**
3 EL	**Mehl**
100 ml	**Schlagsahne**
80 g	**Meerrettichwurzel**
1	**kleiner säuerlicher Apfel**
1 Prise	**geriebene Muskatnuss**
½ Bund	**Schnittlauch**

1 Das Fleisch ca. 1 Stunde vor der Zubereitung aus dem Kühlschrank nehmen. Die Zwiebeln ungeschält halbieren, die Schnittflächen in einer Pfanne ohne Fett goldbraun rösten. In einem Topf 2 l Wasser mit 2 TL Salz aufkochen. Das Fleisch hineingeben, dabei das Fett am Fleisch lassen. Zwiebeln, Pfefferkörner und Lorbeerblätter hinzufügen. Das Fleisch halb zugedeckt bei milder bis mittlerer Hitze ca. 90 Minuten garen. Dabei den aufsteigenden Schaum gelegentlich abschöpfen.

2 Möhren, Petersilienwurzel und Sellerie putzen, schälen und ca. 1,5 cm groß würfeln. Den Lauch längs halbieren, gründlich waschen und in 1 cm breite Stücke schneiden. Das Gemüse nach ca. 90 Minuten zum Fleisch geben, weitere ca. 30 Minuten bei milder Hitze garen.

3 Die Butter in einem Topf aufschäumen. Das Mehl einrühren und bei milder Hitze ohne Farbe 5–6 Minuten anschwitzen. 750 ml von der Tafelspitzbrühe durch ein Sieb dazugießen und aufkochen. Die Sahne zugießen und bei milder Hitze 10–15 Minuten köcheln, dabei öfter umrühren.

4 Meerrettich und Apfel schälen, beides fein reiben. 60 g Meerrettich und den Apfel zur Sauce geben und kurz erhitzen, aber nicht mehr kochen lassen. Mit Salz, Pfeffer und Muskat abschmecken. Den Schnittlauch in feine Röllchen schneiden.

5 Den Tafelspitz aus der Brühe heben, quer zur Faser in dünne Scheiben schneiden, dabei den Fettrand entfernen. Das Fleisch mit der Sauce und dem Gemüse aus der Brühe (die restliche Brühe einfrieren) anrichten. Mit dem Schnittlauch und dem restlichen Meerrettich bestreuen. Dazu passen Salzkartoffeln.

TIPP: **Den fertigen Tafelspitz kann man in der Brühe abkühlen lassen, am nächsten Tag in Scheiben schneiden und langsam wieder in der Brühe erhitzen.**

Zubereitung ca. 2 Stunde 30 Minuten I **Utensilien** Schaumlöffel I **Pro Portion** ca. 364 kcal, 39 g E, 17 g F, 14 g KH

KOHLROULADEN

FÜR 6 PORTIONEN

1	**altbackenes Brötchen (ca. 40 g, 2–3 Tage alt)**
3	**Zwiebeln**
7 EL	**Öl**
125 ml	**Milch**
1	**Weißkohl (ca. 1,2 kg)**
	Salz, Pfeffer
2 EL	**Kümmelsaat**
500 g	**gemischtes Hackfleisch**
1	**Ei (Größe M)**
1 TL	**getrockneter Majoran**
1 EL	**Tomatenmark**
1–2 TL	**Speisestärke**

Außerdem:

Küchengarn

1 Das Brötchen in Scheiben schneiden und in eine Schüssel geben. 1 Zwiebel schälen, fein würfeln, in einer Pfanne in 1 EL heißem Öl glasig dünsten. Die Milch dazugeben, leicht erwärmen, alles über die Brötchenscheiben gießen und ca. 15 Minuten ziehen lassen.

2 In einem großen Topf ca. 3 l Wasser aufkochen. Eine Schüssel mit sehr kaltem Wasser bereitstellen. Vom Kohl die äußeren dunkelgrünen Blätter entfernen. Strunk keilförmig herausschneiden und am besten eine Fleischgabel in die Mulde stecken. Das kochende Wasser mit wenig Salz und Kümmelsaat würzen. Den Kohl hineintauchen und 1–2 Minuten kochen. Das äußere Blatt ablösen und in das bereitgestellte kalte Wasser geben. Auf diese Weise 12 große Blätter ablösen und kalt abschrecken. Die Blätter auf einem Küchentuch gut abtropfen lassen.

3 Hackfleisch und Ei zum Brötchen geben. Mit Majoran, Salz und Pfeffer würzen und vermischen. Die Hackmasse in 6 Portionen teilen. Den Backofen auf 180 Grad (Umluft 160) vorheizen. Die dicken Blattrippen der Kohlblätter keilförmig herausschneiden. Je 2 Blätter leicht überlappend aneinanderlegen, 1 Hackportion auf das untere Blattdrittel setzen. Erst die Seiten überklappen, dann die Füllung in den Kohl einrollen. Mit Küchengarn über Kreuz zusammenbinden. Auf diese Weise alle Kohlblätter füllen und binden.

4 In einem Bräter 3 EL Öl erhitzen. Kohlrouladen darin rundherum hellbraun anbraten, aus dem Bräter nehmen. 500 g des restlichen Kohls in ca. 3 cm große Stücke schneiden. Restliche Zwiebeln schälen und grob würfeln. Beides im Bräter im restlichen Öl dunkelbraun anbraten. Das Tomatenmark zufügen und ca. 2 Minuten mitbraten. Die Rouladen auf dem Kohl verteilen, 800 ml Kohlwasser zugießen und aufkochen. Im heißen Ofen auf der mittleren Schiene ca. 90 Minuten schmoren. Nach 45 Minuten die Kohlrouladen wenden.

5 Rouladen aus dem Bräter nehmen, auf einem Blech im ausgeschalteten Ofen warm halten. Bratsud durch ein Sieb in einen Topf gießen, dabei den Kohl gut ausdrücken. Die Stärke mit etwas kaltem Wasser glatt rühren. Sauce im Topf aufkochen, nach und nach mit der Stärke binden, bis die gewünschte Bindung erreicht ist. Mit Salz und Pfeffer abschmecken. Sauce zu den Rouladen servieren. Dazu passen Petersilienkartoffeln.

Zubereitung ca. 2 Stunde 30 Minuten I **Utensilien** Fleischgabel, Bräter, feines Sieb I **Pro Portion** ca. 477 kcal, 21 g E, 32 g F, 18 g KH

KÖNIGSBERGER KLOPSE

FÜR 4 PORTIONEN

450 ml	**Milch**
2	**Zwiebeln**
6 EL	**Butter**
4 Scheiben	**Toastbrot**
600 g	**gemischtes Hackfleisch oder Kalbshack**
1 TL	**mittelscharfer Senf**
2	**Sardellenfilets in Öl (nach Belieben)**
1	**Ei (Größe M)**
	Salz, Pfeffer
100 ml	**trockener Weißwein**
3	**Lorbeerblätter**
2	**Nelken**
4	**Pimentkörner**
4 EL	**Mehl**
200 ml	**Schlagsahne**
50 g	**Kapern**
3 EL	**Kapernsud**
1 Prise	**gemahlene Muskatnuss**
1–2 EL	**Zitronensaft**
1 TL	**abgeriebene Bio-Zitronenschale**
1 Prise	**Zucker**
½ Bund	**Petersilie**

1 In einem Topf 150 ml Milch erwärmen. Die Zwiebeln schälen und sehr fein würfeln. 2 EL Butter in einer Pfanne erhitzen, die Zwiebeln darin glasig andünsten. Das Toastbrot entrinden und in der Milch einweichen. Anschließend gut ausdrücken, zu den Zwiebeln in die Pfanne geben und kurz mitdünsten, danach abkühlen lassen.

2 Die Zwiebelmischung mit Hackfleisch, Senf, evtl. Sardellenfilets, Ei, 1 Prise Salz und Pfeffer zu einem glatten Teig verkneten. Evtl. nachwürzen. Aus der Masse mit feuchten Händen 12 Klopse formen. In einem großen Topf 1,5 l kaltes Wasser und den Weißwein mit Lorbeerblättern, Nelken und Pimentkörnern aufkochen und salzen. Die Klopse darin bei milder Hitze 12–15 Minuten gar ziehen lassen.

3 Inzwischen die restliche Butter in einem Topf schmelzen und aufschäumen lassen. Das Mehl mit dem Schneebesen einrühren und farblos anschwitzen. Restliche Milch und 400 ml Kochfond zugießen, aufkochen und bei mittlerer Hitze ca. 5 Minuten unter Rühren köcheln. Sahne, Kapern und Kapernsud zufügen und aufkochen. Mit Muskatnuss, Zitronensaft, Zitronenschale, Salz und Zucker würzen. Die Klopse in die Sauce geben und darin ca. 5 Minuten ziehen lassen. Die Petersilienblättchen abzupfen und fein hacken. Die Königsberger Klopse mit Petersilie bestreut servieren. Dazu passen Salzkartoffeln.

Klar können Sie Kartoffeln kochen, aber vielleicht gibt es ja doch noch eine Steigerung?

DIE PERFEKTEN SALZKARTOFFELN

edeka.de/salzkartoffeln

Zubereitung ca. 1 Stunde | **Utensilien** Schneebesen | **Pro Portion** ca. 946 kcal, 42 g E, 68 g F, 38 g KH

ZWIEBEL-ROSTBRATEN

FÜR 4 PORTIONEN

500 g	**Zwiebeln**
4 EL	**Butterschmalz**
4	**Rumpsteaks (à ca. 250 g)**
	Salz, Pfeffer
2 EL	**Sonnenblumenöl**
20 g	**Butter**
1 geh. EL	**Mehl**
1 TL	**Tomatenmark**
250 ml	**trockener Rotwein**
2	**Lorbeerblätter**
⅓ TL	**gemahlener Piment**
350 ml	**kräftiger Rinderfond**
1 Prise	**Zucker**
½ Bund	**Schnittlauch**

1 Die Zwiebeln schälen, längs halbieren und in Streifen schneiden. Das Butterschmalz in einer Pfanne erhitzen und die Zwiebeln darin 15–20 Minuten goldgelb braten.

2 In der Zwischenzeit den Backofen auf 80 Grad vorheizen. Die Steaks am Fettrand mehrmals quer einschneiden und rundherum mit Salz würzen. Das Öl in einer Pfanne sehr stark erhitzen und die Steaks darin portionsweise ca. 1 Minute auf jeder Seite scharf anbraten. Die Steaks nebeneinander auf ein Backblech legen, mit Pfeffer würzen und 20–25 Minuten im heißen Ofen nachgaren.

3 Die Butter in die Pfanne zum Bratfett geben und schmelzen. Das Mehl hinzufügen und unter Rühren hellbraun anschwitzen. Das Tomatenmark dazugeben und kurz anrösten. Mit dem Wein ablöschen. Lorbeerblätter, Piment und Fond zufügen und ca. 15 Minuten sämig einkochen. Mit Salz, Pfeffer und 1 Prise Zucker würzen und warm halten. Die Lorbeerblätter entfernen.

4 Den Schnittlauch in feine Röllchen schneiden. Die Steaks mit den Zwiebeln und der Sauce anrichten. Mit Schnittlauch bestreut servieren. Dazu passen Bratkartoffeln oder Spätzle (siehe auch Käse-spätzle, Seite 77).

Zubereitung ca. 1 Stunde | **Pro Portion** ca. 697 kcal, 67 g E, 39 g F, 12 g KH

ACH SO!
Ganz schön schwäbisch hier. Dafür, dass die Landsleute eher sparsam unterwegs sein sollen, ist der Braten ziemlich üppig. Zwiebeln und Spätzle dazu müssen sein. Und was gibt's zu trinken? Bier – oder doch lieber Wein?

FISCH

Der dickste Fisch an der Angel? Muss es nicht immer
sein. Und auch die ganz feinen Meeresfrüchte können
gerne am Netz vorbeischwimmen. Aber wie wär's
mit Backfisch, sauren Heringen oder Fischfrikadellen?
Wir fangen uns die besten Klassiker und servieren
sie ohne viel Schnickschnack.

FISCH-
FRIKADELLEN

FÜR 4 PORTIONEN

2	**Schalotten**
1 EL	**Butter**
2 Stiele	**Dill**
2 Stiele	**Petersilie**
700 g	**Seelachsfilet ohne Haut und Gräten**
80 g	**Semmelbrösel**
120 ml	**Schlagsahne**
1	**Ei (Größe M)**
½ TL	**Paprikapulver, rosenscharf**
1 TL	**geriebener Meerrettich Salz, Pfeffer**
½ TL	**fein abgeriebene Bio-Zitronenschale**
2 EL	**Zitronensaft**
3 EL	**Butterschmalz**

1 Die Schalotten schälen und fein würfeln. Die Butter in einer Pfanne erhitzen und die Schalotten darin glasig dünsten. Dill und Petersilie mit den zarten Stielen fein schneiden und zu den Schalotten geben. Die Pfanne vom Herd nehmen und die Schalottenmischung abkühlen lassen.

2 Das Fischfilet unter fließendem Wasser gründlich abspülen, mit Küchenpapier trocken tupfen, anschließend grob würfeln und in der Küchenmaschine oder mit einem Messer sehr fein hacken. Semmel-brösel, Sahne, Schalottenmischung, Ei, Paprikapulver, Meerrettich und Fisch verkneten. Mit Salz, Pfeffer, Zitronenschale und -saft würzen. Aus der Masse 12 Frikadellen formen, zugedeckt ca. 10 Minuten kalt stellen.

3 Das Butterschmalz in einer großen beschichteten Pfanne erhitzen. Danach die Fischfrikadellen darin in 2 Portionen von jeder Seite 3–4 Minuten goldbraun braten. Auf Küchenpapier abtropfen lassen und servieren. Dazu passen Gurkensalat (siehe Rezept Seite 51) und/oder Remoulade (siehe Rezept Seite 84).

TIPP: Die Frikadellen schmecken mit Salat, Tomaten, Gurken, Zwiebelringen und Remoulade geschichtet auch wunderbar als klassisches Fischbrötchen.

Zubereitung ca. 50 Minuten + 10 Minuten Kühlzeit I **Utensilien** evtl. Küchenmaschine I **Pro Portion** ca. 435 kcal, 38 g E, 26 g F, 14 g KH

PANNFISCH
MIT ZANDER

FÜR 4 PORTIONEN

3	**Zwiebeln**
750 g	**gekochte Pellkartoffeln (am besten vom Vortag)**
600 g	**Zanderfilet**
1 Bund	**Dill**
2 EL	**Butter**
2 EL	**Mehl**
300 ml	**Milch**
400 ml	**Schlagsahne**
2 EL	**mittelscharfer Senf**
	Salz, Pfeffer
1–2 TL	**Zitronensaft**
4–5 EL	**Butterschmalz**

1 1 Zwiebel schälen und fein würfeln. Die restlichen Zwiebeln schälen, halbieren und in Streifen schneiden. Die Kartoffeln pellen und in ½ cm dicke Scheiben schneiden. Den Fisch unter fließendem Wasser abspülen, mit Küchenpapier trocken tupfen und in ca. 4 cm große Stücke schneiden. Die Dillfähnchen abzupfen und fein schneiden.

2 Die Butter in einem Topf schmelzen. Die gewürfelte Zwiebel darin ca. 2 Minuten dünsten. Mit Mehl bestäuben und kurz mitdünsten. Milch und Sahne zugießen, aufkochen und unter Rühren bei mittlerer Hitze ca. 10 Minuten kochen. Die Sauce mit Senf, Salz, Pfeffer, dem Zitronensaft und der Hälfte des Dills würzen, warm halten.

3 1 EL Butterschmalz in einer beschichteten Pfanne erhitzen, die Zwiebelstreifen darin goldgelb braten und herausnehmen.

4 2 EL Butterschmalz in die Pfanne geben. Die Kartoffelscheiben darin portionsweise 3–4 Minuten goldbraun anbraten. Erst wenden, wenn die Unterseite der Kartoffeln gebräunt ist. Dann weitere 7–8 Minuten braten. Kartoffelscheiben aus der Pfanne nehmen. Die Zwiebeln untermischen, mit Salz und Pfeffer würzen, warm halten.

5 Den Fisch leicht salzen und pfeffern. Restliches Butterschmalz in einer Pfanne erhitzen. Die Fischstücke darin von beiden Seiten ca. 3 Minuten braten. Kartoffeln und Zwiebeln zugeben. Den Pannfisch mit der Senfsauce anrichten und mit dem restlichen Dill bestreut servieren.

TIPP: Sie können auch frisch gekochte und gut abgekühlte Pellkartoffeln verwenden. Empfehlenswerter sind allerdings die vom Vortag. Sie lassen sich besser braten, da sie fester sind und nicht so schnell zerfallen.

Zubereitung ca. 1 Stunde I **Pro Portion** ca. 805 kcal, 39 g E, 54 g F, 40 g K

ACH SO!
Fisch oder Kartoffeln vom Vortag
über? Norddeutsche denken sofort
an Pannfisch. Der kommt eigentlich
aus Hamburg – aber auch die
„Nachbar:innen" begeistern sich
dafür. Verständlich!

RÜHREI
MIT KRABBEN

1 Die Radieschen waschen, putzen, in dünne Scheiben schneiden, mit 1 Prise Salz und dem Zitronensaft mischen. Den Schnittlauch in feine Röllchen schneiden. Das Brot im Toaster rösten und mit 1 EL Butter bestreichen. Alternativ in einer Pfanne in 1 EL Butter rösten.

2 Die Eier in einer Schüssel mit einem Schneebesen verquirlen, salzen und pfeffern. ⅔ des Schnittlauchs hinzufügen. Die restliche Butter in einer beschichteten Pfanne aufschäumen, die Eier dazugeben und alles bei milder Hitze langsam stocken lassen. Dabei mit einem Holzspatel von außen nach innen zusammenschieben. Die Eier sollen gestockt, aber oben noch feucht und glänzend sein.

3 Das Rührei auf den Brotscheiben verteilen. Mit den abgetropften Radieschenscheiben und den Nordseekrabben belegen. Mit dem restlichen Schnittlauch und den Dillspitzen bestreut servieren.

FÜR 4 PORTIONEN

8	**Radieschen**
	Salz, Pfeffer
1 EL	**Zitronensaft**
1 Bund	**Schnittlauch**
4 Scheiben	**Vollkornbrot**
3 EL	**Butter**
8	**Eier (Größe M)**
300 g	**Nordseekrabbenfleisch**
einige	**Dillspitzen**

Zubereitung ca. 25 Minuten | **Utensilien** evtl. Toaster, Schneebesen, Holzspatel | **Pro Portion** ca. 390 kcal, 30 g E, 22 g F, 19 g KH

AN DER NORDSEEKÜSTE

... sind nicht nur Krabben zuhause, auch Wild und Lamm stehen überraschend oft auf den Speisekarten. Wovon man hier nicht genug bekommen kann? Heringe – frisch gebraten (siehe Seite 155) oder als Matjes (siehe Seite 144) eingelegt. Die kulinarischen Stars auf Sylt (siehe Foto) sind aber frische Austern. Sie werden im Nationalpark nordfriesisches Wattenmeer an der Küste der Insel großgezogen.

ÜBERBACKENES
FISCHFILET

FÜR 4 PORTIONEN

120 g	**weiche Butter**
1	**Zwiebel**
3	**Tomaten**
2 Stiele	**Petersilie**
1	**Knoblauchzehe**
80 g	**Pankobrösel (japanische Semmelbrösel; ersatzweise Semmelbrösel)**
1 TL	**getrocknete Kräuter der Provence**
40 g	**fein geriebener Parmesan**
1 TL	**abgeriebene Bio-Zitronenschale Salz, Pfeffer**
720 g	**Seelachsfilet (küchenfertig)**
2 EL	**Zitronensaft**

1 Den Backofen auf 200 Grad vorheizen. Eine Auflaufform mit 20 g Butter fetten. Die Zwiebel schälen, fein würfeln und in der Form verteilen. Die Tomaten waschen, putzen, in Scheiben schneiden und auf den Zwiebeln verteilen.

2 Die Petersilienblättchen abzupfen und fein hacken. Den Knoblauch schälen und pressen, mit restlicher Butter, Pankobröseln, Petersilie, Kräutern der Provence, Parmesan und Zitronenschale verrühren, dann mit Salz und Pfeffer würzen.

3 Den Fisch unter fließendem Wasser gründlich abspülen, mit Küchenpapier trocken tupfen und in 4–5 Stücke schneiden. Auf die Tomaten geben und mit Zitronensaft beträufeln. Die Brösel auf den Filets verteilen und leicht andrücken. Im heißen Ofen auf der mittleren Schiene 18–20 Minuten goldbraun garen. Dazu passen Salzkartoffeln.

Wenn's mal pur, ganz ohne Kruste sein soll:

ZANDERFILET MIT GEMÜSE

edeka.de/zanderfilet

Zubereitung ca. 40 Minuten I **Utensilien** Auflaufform, Knoblauchpresse I **Pro Portion** ca. 486 kcal, 39 g E, 31 g F, 13 g KH

MATJES MIT SPECKBOHNEN

FÜR 4 PORTIONEN

1 **500 g grüne Bohnen** waschen, putzen und dann in kochendem **Salzwasser** 6–8 Minuten leicht bissfest garen. Danach in einem Sieb abgießen, kalt abschrecken und gründlich abtropfen lassen.

2 **3 Zwiebeln** schälen, fein würfeln. **300 g durchwachsenen Speck** fein würfeln. Die Blättchen von **1 Bund krauser Petersilie** und von **2 Stielen Bohnenkraut** fein hacken. **1 EL Sonnenblumenöl** in einer Pfanne erhitzen und den Speck darin 8–10 Minuten knusprig braten. Die Zwiebeln dazugeben, ca. 3 Minuten mitbraten. **6 EL Butter** hinzufügen und schmelzen lassen. Anschließend die Bohnen zugeben, erwärmen und mit **Salz** und **Pfeffer** würzen. Die Hälfte der Kräuter untermischen.

3 **8 Matjes** (Doppelfilets) mit den Speckbohnen anrichten und mit den restlichen Kräutern bestreuen. Dazu passen **Pellkartoffeln**.

MATJES-TATAR

FÜR 4 PORTIONEN

1 **6 Matjesfilets** fein würfeln. Dann **2 Schalotten** schälen, **4 Radieschen** waschen und trocken reiben, anschließend beides fein würfeln. **1 Minigurke** schälen, längs halbieren, die Kerne mit einem Teelöffel entfernen und die Gurke fein würfeln. **1 Apfel** waschen, vierteln, entkernen, fein würfeln und mit **1 EL Zitronensaft** mischen.

2 Die vorbereiteten Zutaten in einer Schüssel mit **1 EL Sahnemeerrettich**, **2 EL Weißweinessig** und **2 EL Olivenöl** mischen. Das Tatar mit **Salz** und **Pfeffer** abschmecken. Die Fähnchen von **4 Stielen Dill** abzupfen, fein schneiden und untermischen. Das Tatar auf Tellern anrichten. Dazu passt geröstetes **rustikales Brot, z. B. Vollkornbrot.**

MATJES MIT HAUSFRAUEN-SAUCE

FÜR 4 PORTIONEN

1 **2 rote Zwiebeln** schälen, längs halbieren, in feine Streifen schneiden und mit **Salz** und **1 Prise Zucker** bestreuen. **4 Cornichons** fein würfeln. **2 Äpfel** waschen, vierteln, entkernen, dann quer in Scheiben schneiden und mit **2 EL Zitronensaft** mischen. Von **1 Bund Dill** 2 Stiele beiseitelegen, den restlichen Dill mit den Stielen fein schneiden.

2 **250 g Schmand** mit **200 g saurer Sahne**, **4 EL Cornichon-Sud** und **2 EL Weißweinessig** verrühren. Zwiebeln, Cornichons, Äpfel und Dill untermischen und mit **Salz**, **Pfeffer** und **1 Prise Zucker** würzen. Die Sauce ca. 1 Stunde zugedeckt kalt stellen.

3 **8 Matjes** (Doppelfilets) mit der Hausfrauensauce anrichten und mit dem restlichen Dill bestreut servieren. Dazu passen **Pell-** oder **Bratkartoffeln (siehe Rezept Seite 155).**

Zubereitung ca. 30 Minuten I **Utensilien** Sieb I **Pro Portion** ca. 959 kcal, 27 g E, 91 g F, 7 g KH

Zubereitung ca. 20 Minuten I **Pro Portion** ca. 333 kcal, 15 g E, 28 g F, 6 g KH

Zubereitung ca. 20 Minuten + 1 Stunde Kühlzeit I **Pro Portion** ca. 586 kcal, 23 g E, 48 g F, 14 g KH

1

2

3

ACH SO!
Frühsommer, wann kommst du?
Dann sind sie endlich da, die jungen,
salzigen Heringe. Traumhaft zart! Im
„Matjesparadies" Glückstadt, in
Schleswig-Holstein, werden sie jedes
Jahr zur Saisoneröffnung im Juni
groß gefeiert.

BACKFISCH
IM BIERTEIG

FÜR 4 PORTIONEN

2	**Eier (Größe M)**
	Salz
175 g	**Mehl**
1 TL	**Apfelessig**
150 ml	**helles Bier**
1,5 l	**neutrales Öl zum Frittieren**
8	**Kabeljaufilets (à 100 g)**
1	**Bio-Zitrone**

1 Die Eier trennen. Das Eigelb in einer Schüssel mit dem Schneebesen leicht aufschlagen, ¼ TL Salz und 100 g Mehl untermischen. Essig und Bier nach und nach dazugeben und alles mit dem Schneebesen zu einem glatten Teig verrühren. Ca. 10 Minuten kalt stellen. Inzwischen das Eiweiß mit 1 Prise Salz steif schlagen.

2 Das Öl in einem weiten Topf erhitzen. Die Fischfilets unter fließendem Wasser abspülen und mit Küchenpapier trocken tupfen. Die Filets rundherum salzen und im restlichen Mehl wälzen. Überschüssiges Mehl abklopfen.

3 Den Eischnee unter den Teig heben. Die Fischfilets portionsweise durch den Teig ziehen, abtropfen lassen und ins heiße Fett geben. Bei mittlerer Hitze 3–4 Minuten goldbraun frittieren. Den Fisch dann wenden und weitere 2–3 Minuten frittieren. Anschließend auf Küchenpapier abtropfen lassen.

4 Die Zitrone heiß waschen, trocken reiben und in Spalten schneiden. Den Backfisch mit den Spalten servieren. Dazu passen Remoulade (siehe Rezept Seite 84) und grüner Salat (siehe Rezept Seite 37).

TIPP: **Das Bier im Teig ist kein Muss, macht ihn aber luftig und sorgt für einen besonderen Geschmack. Wer darauf verzichten will, ersetzt es durch kohlensäurehaltiges Mineralwasser.**

Heutzutage bereits bei vielen ein Klassiker: Backfisch mit Pommes.

FISH & CHIPS

edeka.de/fish-chips

Zubereitung ca. 45 Minuten I **Utensilien** Schneebesen I **Pro Portion** ca. 631 kcal, 44 g E, 35 g F, 33 g KH

FORELLE
MÜLLERINART

1 Die Petersilienblättchen abzupfen und fein hacken. Die Butter in einem kleinen Topf erhitzen, dann unter Rühren hellbraun rösten und beiseitestellen. Die Mandeln in einer Pfanne ohne Fett goldgelb anrösten, herausnehmen und abkühlen lassen. Die Zitrone halbieren und eine Hälfte auspressen. Die restliche Zitrone vierteln. Die Knoblauchzehen andrücken.

2 Die Forellen unter fließendem Wasser gründlich abspülen, mit Küchenpapier trocken tupfen. Mit der Hälfte des Zitronensaftes, Salz und Pfeffer würzen. Das Mehl auf einen flachen Teller geben. Die Forellen darin rundherum wenden, überschüssiges Mehl abklopfen.

3 Das Butterschmalz in einer großen Pfanne (alternativ portionsweise in einer kleinen Pfanne bzw. parallel in 2 Pfannen) erhitzen. Die Forellen darin bei mittlerer Hitze von jeder Seite 4–5 Minuten goldbraun braten. Den Knoblauch nach dem Wenden zufügen. Die Forellen aus der Pfanne nehmen. Geröstete Butter, den restlichen Zitronensaft, Mandelblättchen und Petersilie in die Pfanne geben und aufkochen. Dabei salzen und pfeffern.

4 Die Forellen auf Tellern anrichten und mit der Zitronen-Mandel-Butter beträufeln. Mit den Zitronenvierteln anrichten und servieren. Dazu passen Petersilienkartoffeln.

FÜR 2 PORTIONEN

6 Stiele	**Petersilie**
60 g	**Butter**
3 EL	**Mandelblättchen**
1	**Bio-Zitrone**
2	**Knoblauchzehen**
2	**Forellen (küchenfertig)**
	Salz, Pfeffer
150 g	**Mehl**
4–6 EL	**Butterschmalz**

Zubereitung ca. 35 Minuten | **Pro Portion** ca. 835 kcal, 13 g E, 61 g F, 57 g KH

WIE ISST MAN EIGENTLICH EINEN
GANZEN FISCH?

Bitte nur Filet? Erstaunlich viele Feinschmecker:innen fürchten sich vor dem Zerlegen von Forelle & Co. Dafür gibt es gar keinen Grund: Schauen Sie mal, wie schnell der Fisch grätenfrei auf dem Teller liegt.

SCHON GEWUSST?
OB DER FISCH BEREIT ZUM FILETIEREN IST, ZEIGT SICH AN DER RÜCKENFLOSSE: SOBALD SIE SICH BEIM ZIEHEN EINFACH LÖST, IST DAS FISCHFLEISCH GAR.

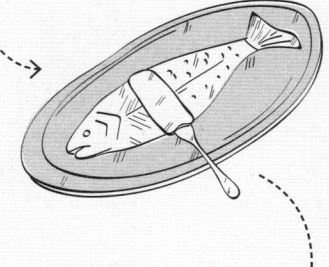

SCHRITT 2

Die Haut unter dem Kopf und vor dem Schwanz quer einschneiden und durch Aufrollen über die Messerklinge abziehen.

SCHRITT 1

Zuerst die Rückenflosse des Fischs mit dem Fischbesteck herausziehen. Dann mit dem Messer die Haut am gesamten Rücken entlang einschneiden.

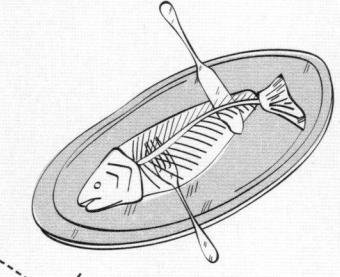

SCHRITT 5

Das untere Filet nun hinter dem Kopf abtrennen, mit der Haut nach oben auf den Teller legen und die Haut wie in Schritt 2 abziehen.

SCHRITT 4

Um das untere Filet zu lösen, trennt man es erst mit dem Fischmesser vom Schwanz – dabei die Mittelgräte mit der Gabel leicht anheben. Dann die komplette Mittelgräte vorsichtig abheben, am Schwanz beginnend, und vor dem Kopf umklappen und abschneiden.

SCHRITT 3

Nun das obere Filet lösen. Dazu das Fischfleisch hinter dem Kopf durchtrennen – ohne die Mittelgräte durchzuschneiden! Mit der Längsseite des Fischmessers an der Mittelgräte entlangfahren und mithilfe der Gabel das Filet abheben.

PANIERTES
ROTBARSCH-FILET

FÜR 4 PORTIONEN

800 g	**Rotbarschfilet (küchenfertig)**
4	**Eier (Größe M)**
100 g	**Mehl**
150 g	**Semmelbrösel**
	Salz, Pfeffer
2 EL	**Zitronensaft**
100 g	**Butterschmalz**

1 Das Rotbarschfilet unter fließendem Wasser gründlich abspülen und mit Küchenpapier trocken tupfen. Den Fisch in 4 gleich große Stücke schneiden. Die Eier in einem tiefen Teller verquirlen. Das Mehl und die Semmelbrösel jeweils auf einem flachen Teller verteilen. Die Fischstücke rundherum salzen, pfeffern und mit dem Zitronensaft beträufeln. Zuerst im Mehl wenden, dann durch das Ei ziehen und anschließend mit den Semmelbröseln panieren.

2 Das Butterschmalz in einer großen Pfanne erhitzen. Den Fisch darin rundherum bei mittlerer bis starker Hitze ca. 7 Minuten braten. Dann herausnehmen, auf Küchenpapier abtropfen lassen und sofort servieren. Dazu passt ein grüner Salat oder Kartoffelsalat (siehe Rezept Seite 70).

TIPP: Zum Panieren eignet sich nicht nur Rotbarsch. Auch andere Fischfilets lassen sich auf die gleiche Weise zubereiten, etwa Seelachs, Pangasius, Tilapia, Zander oder Brasse.

Zubereitung ca. 25 Minuten I **Pro Portion** ca. 640 kcal, 51 g E, 31 g F, 40 g KH

GEBEIZTE
LACHS-
FORELLE

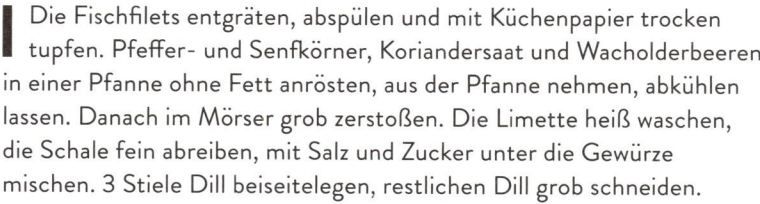

FÜR 4 PORTIONEN

Für die Lachsforelle:

2	**Lachsforellenfilets mit Haut (à ca. 350 g)**
1 EL	**schwarze Pfefferkörner**
1 TL	**helle Senfkörner**
1 TL	**Koriandersaat**
8	**Wacholderbeeren**
1	**Bio-Limette**
50 g	**Salz**
50 g	**Zucker**
50 g	**Dill**
½ Bund	**Schnittlauch**
200 g	**Schmand**
	Cayennepfeffer

Für die Rösti:

700 g	**Kartoffeln, festkochend Salz, Pfeffer**
1 Prise	**geriebene Muskatnuss**
3 EL	**Butterschmalz**

Außerdem:

	Frischhaltefolie

1 Die Fischfilets entgräten, abspülen und mit Küchenpapier trocken tupfen. Pfeffer- und Senfkörner, Koriandersaat und Wacholderbeeren in einer Pfanne ohne Fett anrösten, aus der Pfanne nehmen, abkühlen lassen. Danach im Mörser grob zerstoßen. Die Limette heiß waschen, die Schale fein abreiben, mit Salz und Zucker unter die Gewürze mischen. 3 Stiele Dill beiseitelegen, restlichen Dill grob schneiden.

2 1 Fischfilet mit der Haut nach unten in eine Auflaufform legen. Die Hälfte der Gewürzmischung darauf verteilen und mit dem geschnittenen Dill belegen. Die restliche Gewürzmischung darauf verteilen, das 2. Filet mit der Fleischseite auflegen. Mit Frischhaltefolie zudecken, beschweren und 24 Stunden ruhen lassen. Nach 12 Stunden wenden.

3 Die Fischfilets kalt abspülen und gründlich trocken tupfen, dann ca. 6 Stunden offen in den Kühlschrank legen. Den Schnittlauch in feine Röllchen schneiden. Die restlichen Dillfähnchen abzupfen. Die Limette halbieren, auspressen. Schmand und Schnittlauch verrühren, mit Salz, Cayennepfeffer und 1 EL Limettensaft würzen.

4 Die Kartoffeln schälen, grob raspeln und ausdrücken. Mit Salz, Pfeffer und Muskat würzen. Das Butterschmalz in einer beschichteten Pfanne erhitzen. Mit einem Esslöffel 6 kleine Häufchen Kartoffelmasse hineinsetzen, flach drücken. Die Puffer je Seite ca. 3 Minuten knusprig braten. Auf Küchenpapier abtropfen lassen und im heißen Ofen bei 100 Grad warm halten. Aus der restlichen Masse 6 weitere Rösti braten.

5 Den Fisch in dünnen Scheiben von der Haut schneiden. Mit Dill und Pfeffer bestreuen. Auf den Rösti mit dem Schmand anrichten.

Zubereitung ca. 40 Minuten + 1 Tag Beizzeit + 6 Stunden Ruhezeit I **Utensilien** Mörser, Zitrusreibe, Auflaufform, Gemüsereibe I
Pro Portion ca. 529 kcal, 39 g E, 26 g F, 33 g KH

AUS KÜHLER QUELLE

Sauerstoffreiches Wasser ist ihr Zuhause – und das bieten viele Seen und Teiche unseres Landes in bester Qualität. So sind heimische Forellen ein guter Fang!

100
ZENTIMETER
Meer- und Seeforellen können bis zu rund 1 Meter lang werden, die kleinen Bachforellen dagegen nur bis zu 60 Zentimeter.

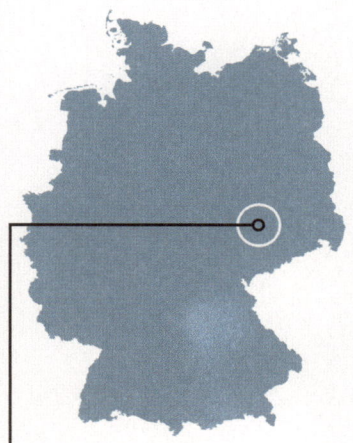

ZUCHTREGION
Forellen sollten in klaren, naturbelassenen Teichen oder Fließgewässern aufwachsen. Perfekt: das Leipziger Neuseenland mit mehr als 20 Seen und einer Gesamtwasserfläche von 70 Quadratkilometern.

PRAKTISCH
Ob Bach oder Zuchtbecken – ein sogenannter Kescher ist hilfreich, um die Forellen an Land zu befördern.

S ie gehört zur Familie der Lachse – trotzdem schwimmt die Forelle in ihrer eigenen Liga in puncto Aussehen und Verzehr. So ist ihr helles Fleisch mit dem roten Lachsfleisch nicht zu vergleichen. Nur bei der Lachsforelle besteht Verwechslungsgefahr: Spezielle Nahrung sorgt für eine rötliche Färbung des Fleisches! In unseren Regionalküchen ist die Forelle eine begehrte Delikatesse. Ob als Filet oder im Ganzen, gebraten, gegrillt oder geräuchert: Sie überzeugt mit mild-würzigem Geschmack und zartem Fleisch. Ein echter Hingucker ist die „Forelle blau": Durch das Garen in Essigsud bekommt sie eine bläuliche Farbe. Die Qualität der Fische ist abhängig von der Wasserqualität ihres Lebensraumes: Ein perfektes Gebiet ist etwa das Angler-Eldorado Leipziger Neuseenland. Das bestätigt auch René Pistor, Leiter der Wermsdorfer Fisch GmbH. Im nordsächsischen Espenhain arbeitet er mit großer Leidenschaft an den eigenen Teichen, in der Schlachterei und Räucherei. Sein Prinzip: Die Fische sollen in einer natürlichen Umgebung aufwachsen und sich bewegen können. Auf Medikamente verzichtet Pistor vollkommen. Ob frisch oder geräuchert: Das Ergebnis kann sich entsprechend schmecken lassen und wird gerne von uns in vielen EDEKA-Märkten angeboten.

LEIDENSCHAFT
René Pistor von der Wermsdorfer Fisch GmbH in Espenhain veredelt Forellen aus eigenen Teichen. Seine Spezialität: Räucherfisch.

BRATHERINGE

FÜR 4 PORTIONEN

Für die Heringe:

3	**Zwiebeln**
1 EL	**Wacholderbeeren**
1 TL	**schwarze Pfefferkörner**
350 ml	**Apfel- oder Weißweinessig**
100 g	**Zucker**
4	**Lorbeerblätter**
1 EL	**helle Senfsaat**
	Salz
8	**grüne Heringe (küchenfertig)**
4 EL	**Zitronensaft**
80 g	**Mehl**
100 ml	**neutrales Öl (z. B. Sonnenblumen- oder Rapsöl)**

Für die Bratkartoffeln:

1000 g	**Kartoffeln, festkochend**
	Salz, Pfeffer
2	**Zwiebeln**
160 g	**durchwachsener Speck (in Scheiben)**
8	**Stiele Petersilie**
4 EL	**Butterschmalz**
1 EL	**Butter**

1 Für die Heringe die Zwiebeln schälen und in Scheiben schneiden. Wacholderbeeren und Pfefferkörner in einem Topf ohne Fett anrösten, mit Essig ablöschen. Zucker, Lorbeerblätter, Senfsaat, 1 EL Salz und Zwiebeln dazugeben, alles aufkochen. Sobald sich Salz und Zucker aufgelöst haben, 350 ml kaltes Wasser hinzufügen. Den Topf vom Herd nehmen und die Marinade vollständig abkühlen lassen.

2 Die Heringe und trocken tupfen. Mit Zitronensaft beträufeln, innen und außen mit Salz würzen. Anschließend im Mehl wenden. Die Hälfte des Öls in einer großen Pfanne erhitzen. 4 Heringe darin 4–5 Minuten auf jeder Seite braten. Auf Küchenpapier abtropfen lassen und in eine Auflaufform legen. Restliche Heringe im restlichen Öl genauso zubereiten. Die Marinade über die Heringe gießen, zugedeckt mindestens 1 Tag kalt stellen. Dabei 1- bis 2-mal wenden.

3 Für die Bratkartoffeln die Kartoffeln am Vortag waschen und in Salzwasser 18–20 Minuten knapp gar kochen. Abgießen, vollständig abkühlen lassen und zugedeckt an einem kühlen Ort (nicht im Kühlschrank) bis zum nächsten Tag stehen lassen.

4 Die Kartoffeln pellen und in ca. ½ cm dicke Scheiben schneiden. Die Zwiebeln schälen, halbieren, in dünne Scheiben schneiden. Den Speck fein würfeln, bei mittlerer Hitze in einer beschichteten Pfanne knusprig braten, herausnehmen. Die Zwiebeln im Bratfett goldbraun braten, zum Speck geben. Die Petersilienblättchen abzupfen, hacken.

5 Das Butterschmalz in der Pfanne erhitzen. Kartoffelscheiben portionsweise möglichst nebeneinander in die Pfanne legen und bei mittlerer Hitze goldbraun braten. Wenden und von der anderen Seite goldbraun braten. Herausnehmen und auf einen Teller legen. Kartoffelscheiben, Zwiebeln, Speck, Butter und Petersilie in die Pfanne geben, kurz unter Schwenken erhitzen. Mit Salz und Pfeffer würzen.

6 Die Bratheringe aus der Marinade nehmen. Mit etwas Marinadeneinlage und den Bratkartoffeln servieren. Dazu passt Remoulade (siehe Rezept Seite 84).

Zubereitung ca. 45 Minuten + mind. 1 Tag Marinierzeit I **Utensilien** Auflaufform I **Pro Portion** ca. 747 kcal, 57 g E, 48 g F, 21 g KH

SÜSSES

Geben Sie's zu! Sie wollen doch auch nur das eine: Süßes!
Heimlich warten alle auf den Schluss. Den krönenden!
Auf Schokopudding, Kaiserschmarren und rote Grütze.
Und später ein saftiges Stück Kuchen. Aber am schönsten
ist es, wenn der süße Spaß zum Hauptgericht wird!

ACH SO!

So schön fluffig, diese Dampfnudeln! Dank Hefeteig. Aufgepasst und ausprobiert: In der Pfalz gibt es die süddeutsche Mehlspeise auch in salziger Version, zum Gulasch.

DAMPFNUDELN
MIT VANILLESAUCE

FÜR 4 PORTIONEN

Für die Dampfnudeln:
- 170 ml **Milch**
- 90 g **Zucker**
- 10 g **frische Hefe**
- 250 g **Mehl + etwas zum Arbeiten**
- 1 **Ei (Größe M)**
- 120 g **weiche Butter**
- 100 g **gehackte Haselnüsse oder Haselnussblättchen**

Für die Vanillesauce:
- 1 **Vanilleschote**
- 450 ml **Vollmilch**
- 1 Prise **Salz**
- 1 TL **Speisestärke**
- 3 **Eigelb (Größe M)**
- 3 EL **Zucker**

1 70 ml Milch leicht erwärmen. 10 g Zucker und die Hefe unterrühren, in der Milch auflösen. Mehl, 40 g Zucker, das Ei, 80 g Butter und die Hefemilch mit den Knethaken des Handrührgeräts zum glatten Teig kneten. Zugedeckt an einem warmen Ort ca. 90 Minuten gehen lassen.

2 Inzwischen für die Vanillesauce die Vanilleschote längs aufschneiden und das Mark herauskratzen. Vanillemark und -schote mit 300 ml Milch und dem Salz in einem Topf aufkochen. Danach beiseitestellen und ca. 10 Minuten ziehen lassen. Die Vanilleschote entfernen.

3 150 ml Milch mit der Speisestärke und den Eigelben verrühren. Die Vanillemilch nochmals aufkochen. Dann die Eigelbmischung einrühren und alles unter Rühren bei milder Hitze erhitzen, bis eine leichte Bindung entsteht. 3 EL Zucker einrühren. Die Sauce lauwarm abkühlen lassen, dabei gelegentlich umrühren.

4 Ein Backblech mit 20 g Butter fetten. Den Teig auf einer leicht bemehlten Arbeitsfläche mit den Händen kurz durchkneten, dann zu einer Rolle formen und in 8 gleich große Stücke teilen. Die Teigstücke zu Kugeln formen und auf das Backblech setzen. Zugedeckt weitere 30 Minuten gehen lassen.

5 In einem weiten Topf 100 ml Milch und 20 g Zucker verrühren. Teigkugeln mit etwas Abstand in die Milch setzen. Zugedeckt bei mittlerer Hitze ca. 20 Minuten dämpfen, bis sich am Boden eine hellbraune Kruste bildet (Deckel mind. 15 Minuten nicht abnehmen!).

6 Die Nüsse in einer Pfanne ohne Fett rösten. 20 g Butter und 20 g Zucker dazugeben, leicht karamellisieren lassen. Die Dampfnudeln vorsichtig aus dem Topf heben, mit Vanillesauce und Nüssen anrichten.

Zubereitung ca. 1 Stunde + 2 Stunden Gehzeit | **Utensilien** Handrührgerät | **Pro Portion** ca. 695 kcal, 13 g E, 40 g F, 70 g KH

MILCH-REIS
MIT ZIMT UND ZUCKER

1 Die Vanilleschote längs einschneiden und das Mark herauskratzen. Vanillemark und -schote mit der Milch und dem Salz in einem Topf unter Rühren aufkochen. Den Milchreis einrieseln lassen und zugedeckt bei milder Hitze ca. 25 Minuten garen. Dabei immer wieder umrühren, sodass der Reis nicht am Topfboden ansetzt.

2 Den Topf vom Herd nehmen und die Vanilleschote entfernen. 3 EL Zucker und die Sahne unterrühren. Mit dem restlichen Zucker und dem Zimt bestreut servieren. Dazu passen Apfelmus, Kirschkompott oder marinierte Erdbeeren.

TIPP: Wer eine rein pflanzliche Variante ausprobieren möchte, kann die Kuhmilch durch Soja-, Mandel- oder Hafermilch ersetzen, die Schlagsahne durch Soja- oder Hafersahne. Die Sojavarianten schmecken leicht nussig, Mandel- und Haferprodukte etwas süßer.

FÜR 4 PORTIONEN

½	**Vanilleschote**
750 ml	**Vollmilch**
1 Prise	**Salz**
200 g	**Milchreis**
5 EL	**Zucker**
150 ml	**Schlagsahne**
1 TL	**Zimtpulver**

Zubereitung ca. 35 Minuten I **Pro Portion** ca. 469 kcal, 11 g E, 20 g F, 62 g KH

IN GANZ DEUTSCHLAND

... wird Kuhmilch produziert. Hochburgen sind Bayern und Niedersachsen. Manchmal gibt es sie noch direkt von der Kuh – auf dem einen oder anderen Hof. Zum Schutz vor Keimen gilt hier allerdings: „vor dem Verzehr abkochen". Ansonsten wird Milch erhitzt: unsere „normale" traditionell auf 72 Grad. So verschwinden unerwünschte Inhaltsstoffe, aber Vitamine und Co. bleiben erhalten!

ARME RITTER
MIT ZWETSCHGENKOMPOTT

FÜR 4 PORTIONEN

Für das Kompott:
500 g	**Zwetschgen**
400 ml	**Pflaumensaft**
2 EL	**Zucker**
1 Pckg.	**Vanillesaucenpulver zum Kochen**

Für die Armen Ritter:
5	**Eier (Größe M)**
250 ml	**Milch**
1 Pckg.	**Vanillezucker**
1 Prise	**Salz**
8 Scheiben	**Kastenweißbrot vom Vortag (ca. 300 g)**
8 EL	**Öl**
2 EL	**Butter**
3 EL	**Zucker**
½ TL	**Zimtpulver**

1 Für das Kompott die Zwetschgen waschen, halbieren und entsteinen. 300 ml Pflaumensaft und den Zucker aufkochen. Das Saucenpulver mit dem restlichen Saft glatt rühren, in den kochenden Saft rühren und ca. 3 Minuten köcheln. Die Zwetschgen zugeben, alles kurz aufkochen und bei milder Hitze ca. 5 Minuten köcheln. Das Kompott in eine Schüssel füllen und etwas abkühlen lassen.

2 Für die Armen Ritter die Eier mit Milch, Vanillezucker und Salz verquirlen. 4 Brotscheiben nebeneinander in eine flache Schale legen. Mit der Hälfte der Eiermilch übergießen, wenden und ca. 2 Minuten darin einweichen.

3 Den Backofen auf 120 Grad (Umluft 100) vorheizen. 4 EL Öl und 1 EL Butter in einer großen Pfanne erhitzen. Die eingeweichten Brotscheiben etwas abtropfen lassen und im heißen Öl von jeder Seite 2–3 Minuten bei mittlerer Hitze goldbraun braten. Auf Küchenpapier abtropfen lassen und im heißen Ofen warm halten. Die restlichen Brotscheiben mit dem Rest von Eiermilch, Öl und Butter ebenso zubereiten. Zucker und Zimtpulver mischen. Die Brotscheiben damit bestreuen und mit dem Kompott anrichten. Dazu passt Vanilleeis.

Im Hochsommer mit frischen Früchten ein Hit:

RITTER MIT ERDBEEREN

edeka.de/armer-ritter

Zubereitung ca. 50 Minuten I **Pro Portion** ca. 757 kcal, 17 g E, 39 g F, 74 g KH

APFEL-PFANN-KUCHEN

FÜR 4 PORTIONEN

3	**Eier (Größe M)**
300 ml	**Milch**
90 ml	**Mineralwasser mit Kohlensäure**
	Salz
100 g	**Zucker**
1 Pckg.	**Vanillezucker**
300 g	**Mehl**
½ TL	**Backpulver**
3	**kleine Äpfel**
1 EL	**Zitronensaft**
4 EL	**Öl**
1 TL	**Zimtpulver**

Außerdem:

Backpapier

1 Die Eier trennen. Eigelb, Milch, Mineralwasser, 1 Prise Salz, 20 g Zucker, Vanillezucker, Mehl und Backpulver mit einem Schneebesen gut verrühren. Den Teig anschließend ca. 10 Minuten quellen lassen.

2 Die Äpfel schälen, vierteln, entkernen und in dünne Scheiben schneiden. Apfelscheiben und Zitronensaft mischen. Das Eiweiß und 1 Prise Salz steif schlagen, 30 g Zucker einrieseln lassen und ca. 1 Minute weiterschlagen. ⅓ des Eischnees unter den Teig rühren. Den restlichen Eischnee und die Apfelscheiben vorsichtig unterheben.

3 Den Backofen auf 120 Grad (Umluft 100) vorheizen. 1 EL Öl in einer beschichteten Pfanne (24 cm Ø) erhitzen. ¼ des Teigs in die Pfanne geben und gleichmäßig verteilen. Bei mittlerer Hitze 4–5 Minuten goldbraun backen. Mithilfe eines Topfdeckels wenden. Von der anderen Seite 4–5 Minuten backen. Im heißen Ofen auf einem mit Backpapier belegten Blech warm halten. Die anderen 3 Pfannkuchen im restlichen heißen Öl ebenso backen. Den restlichen Zucker und den Zimt mischen und zu den Pfannkuchen servieren.

Zubereitung ca. 55 Minuten | **Utensilien** Schneebesen, beschichtete Pfanne (24 cm Ø) | **Pro Portion** ca. 488 kcal, 5 g E, 23 g F, 61 g KH

WIE IM PARADIES

Die Deutschen sind Europameister, wenn es um den Verzehr von Äpfeln geht. Der runde Liebling benötigt gute Böden und ein feines Händchen, um seine Fans mit dem ersten Biss zu überzeugen.

DREHMOMENT
Apfelernte ist im September. Sobald sich der Stiel bei leichter Drehung fast von selbst vom Zweig löst, ist der ideale Zeitpunkt erreicht.

ANBAUREGION
Das Bodenseegebiet mit seinen sonnigen Tagen und kühlen Nächten ist für den Apfelanbau optimal – und das schmeckt man!

15
KILOGRAMM
frische Äpfel kauft jeder deutsche Haushalt durchschnittlich pro Jahr.

BERUFUNG
Lukas Blaser produziert im baden-württembergischen Meckenbeuren bereits in 6. Generation Obst mit Leidenschaft. Neben Zwetschgen und Kirschen hat er sich – gemeinsam mit seinem Vater – auf Äpfel spezialisiert.

Man könnte denken, die Wiege des Apfels liegt in unserer Heimat, so vertraut ist uns das knackige Obst. In Wahrheit wurde es zuerst 10.000 v. Chr. in der Region des heutigen Kasachstans angebaut und gelangte durch die Römer und die Griechen nach Europa. Heute sind Äpfel bei uns aus keinem Haushalt mehr wegzudenken: Zum Backen bevorzugen wir möglichst feste Äpfel, die nicht zu viel Flüssigkeit abgeben wie Cox Orange oder Elstar. Ihr Fruchtfleisch fällt durch die Hitze im Ofen nicht auseinander. Die perfekte Sorte für Bratäpfel ist eindeutig der Boskoop. Und beim Apfelmus? Passt tatsächlich jede Sorte! Beim Anbau des Kernobstgewächses spielt der Standort eine entscheidende Rolle. So ist etwa das Klima in der Bodenseeregion ideal. Hier ernten auch Andreas und Lukas Blaser seit 1990 Äpfel. Ihre hochwertigen Früchte verdanken sie den hiesigen Böden, die eine optimale Wasserhaltefähigkeit sowie einen hohen Humusanteil aufweisen. Ihre Betriebsphilosophie: gesunde, hochwertige, schmackhafte Früchte nachhaltig, im Einklang mit der Natur, zu produzieren. Das gelingt ihnen – und so beliefern sie EDEKA ganzjährig mit exzellenter Ware.

KIRSCHMICHEL

FÜR 4 PORTIONEN

250 g	**Brötchen vom Vortag**
1	**Bio-Orange**
3	**Eier (Größe M)**
350 ml	**Milch**
1 Pckg.	**Vanillezucker**
100 g	**Zucker**
100 g	**Butter**
1 Glas	**Sauerkirschen (350 g Abtropfgewicht)**
100 g	**dunkle Schokolade mit ganzen Mandeln**
1 Prise	**Salz**
1,5 EL	**Speisestärke**
2 EL	**Puderzucker**
4 Kugeln	**Vanilleeis**

1 Die Brötchen in ca. 1 cm dünne Scheiben schneiden und in eine Schüssel geben. Die Orange heiß waschen und trocken reiben, dann 2 TL Schale fein abreiben. Die Orange halbieren und den Saft auspressen. Die Eier trennen. Die Orangenschale mit Milch, Eigelb, Vanillezucker und 40 g Zucker kräftig verrühren und über die Brötchen gießen. Alles ca. 10 Minuten ziehen lassen.

2 Den Backofen auf 170 Grad (Umluft 150) vorheizen. Eine Auflaufform (ca. 25 x 15 cm) mit ⅓ der Butter fetten. Die Sauerkirschen abgießen und den Sud dabei auffangen. Die Schokolade grob hacken. Das Eiweiß und 1 Prise Salz mit den Quirlen des Handrührgeräts steif schlagen. Dann 40 g Zucker unter Rühren einrieseln lassen und ca. 1 Minute weiterschlagen.

3 Die Kirschen und die Schokolade unter die Brötchen mischen, den Eischnee unterheben. Die Masse gleichmäßig in der Auflaufform verteilen. Die restliche Butter in Flöckchen darübergeben. Im heißen Ofen im unteren Ofendrittel ca. 45 Minuten hellbraun backen.

4 Inzwischen den Orangensaft mit dem restlichen Zucker und der Stärke glatt rühren. Den Kirschsud aufkochen, den Orangensaft einrühren und unter Rühren aufkochen. Anschließend abkühlen lassen.

5 Den Kirschmichel aus dem Ofen nehmen und ca. 10 Minuten abkühlen lassen. Mit Puderzucker bestäuben, mit der Kirschsauce und dem Vanilleeis servieren.

Zubereitung ca. 1 Stunde 30 Minuten ❘ **Utensilien** Zitrusreibe, Auflaufform (ca. 25 x 15 cm), Handrührgerät ❘ **Pro Portion** ca. 968 kcal, 20 g E, 42 g F, 128 g KH

KARTOFFEL-PUFFER
MIT APFELKOMPOTT

FÜR 4 PORTIONEN

Für das Apfelkompott:

1,2 kg	**säuerliche Äpfel (z. B. Elstar)**
4 EL	**Zitronensaft**
3 EL	**Zucker**

Für die Kartoffelpuffer:

800 g	**Kartoffeln, vorwiegend festkochend**
2	**kleine Zwiebeln**
3	**Eier (Größe M)**
4 EL	**zarte Haferflocken**
	Salz, Pfeffer
300 ml	**Sonnenblumenöl**

1 Die Äpfel schälen, vierteln, entkernen und in grobe Stücke schneiden. In einem Topf mit dem Zitronensaft, dem Zucker und 100 ml Wasser aufkochen und zugedeckt bei milder bis mittlerer Hitze 10–15 Minuten weich kochen. Dabei gelegentlich umrühren. Anschließend das Apfelkompott abkühlen lassen.

2 Kartoffeln und Zwiebeln schälen und fein reiben – am besten mit der Küchenmaschine. In einer Schüssel mischen. Die Mischung über der Schüssel mit den Händen ausdrücken und auf einen Teller geben. Den ausgedrückten Sud ca. 5 Minuten stehen lassen, bis sich die ausgetretene Stärke am Schüsselboden abgesetzt hat. Die Flüssigkeit vorsichtig abgießen, sodass die Stärke in der Schüssel bleibt. Die Kartoffelmischung, die Eier und die Haferflocken dazugeben. Alles mit Salz und Pfeffer würzen und gründlich mischen.

3 Den Backofen auf 100 Grad (Umluft 80) vorheizen. Das Öl in einer großen Pfanne erhitzen. Die Kartoffelmischung mit einem Esslöffel portionsweise in die Pfanne geben und bei mittlerer Hitze auf jeder Seite 2–3 Minuten goldbraun ausbacken. Herausnehmen, auf Küchenpapier abtropfen lassen und auf einem Blech im heißen Ofen warm halten. Die Kartoffelpuffer mit dem Apfelkompott servieren.

MACH'S VEGAN
Die Eier weglassen und dafür 1 EL Maisstärke zum Teig geben.

Zubereitung ca. 1 Stunde I **Utensilien** Küchenmaschine oder Gemüsereibe I **Pro Portion** ca. 680 kcal, 12 g E, 32 g F, 83 g KH

KAISER-SCHMARREN

I Den Orangensaft aufkochen, über die Sultaninen geben und ca. 10 Minuten quellen lassen. Die Eier trennen, dann Eigelb, Mehl, Milch und 1 Prise Salz mit einem Schneebesen gut verrühren. Den Teig ebenfalls ca. 10 Minuten quellen lassen.

2 Das Eiweiß mit 1 Prise Salz mit dem Handrührgerät steif schlagen, dabei 40 g Zucker einrieseln lassen und ca. 2 Minuten zu einem festen Eischnee schlagen. ⅓ des Eischnees unter den Teig rühren, den Rest vorsichtig unterheben.

3 Den Backofen auf 200 Grad (Umluft 180) vorheizen. 20 g Butter in einer ofenfesten, beschichteten Pfanne (28 cm Ø) zerlassen. Die Hälfte des Teigs hineingeben und mit der Hälfte der Sultaninen bestreuen. Im heißen Ofen auf der mittleren Schiene ca. 8 Minuten backen. Den Teigfladen vierteln, vorsichtig wenden, 10 g Butter hinzufügen und weitere 3 Minuten backen. Mithilfe von 2 Spateln (oder ersatzweise 2 Gabeln) in Stücke zerzupfen, mit 20 g Zucker bestreuen und auf der 2. Schiene von oben 3–4 Minuten karamellisieren lassen. Den Schmarren in einer Schüssel zugedeckt warm halten.

4 Die zweite Portion mit restlicher Butter und restlichem Zucker ebenso zubereiten. Den Kaiserschmarren mit Puderzucker bestäubt servieren. Dazu passt Zwetschgenkompott (siehe Rezept Seite 162).

IN BAYERN

… ist der Kaiserschmarren zuhause. Auch, wenn er ursprünglich aus Österreich kommt. Heimisch sind hier außerdem Schmankerln wie Karpfen oder Schweinebraten mit krosser Kruste (siehe Seite 99). Dazu ein Weißbier? Weißwurst wird übrigens gezuzelt: Man nimmt die Wurst in die Hand und zieht das Brät mit den Zähnen aus der Hülle.

ZWETSCHGEN-KUCHEN

FÜR 20 STÜCKE

525 g	**Mehl + etwas zum Arbeiten**
	Salz
30 g	**frische Hefe**
180 g	**Zucker**
200 ml	**lauwarme Milch**
1	**Ei (Größe M)**
80 g	**weiche Butter**
	+ etwas für das Blech
75 g	**gemahlene Haselnusskerne**
50 g	**gehackte Haselnusskerne**
¼ TL	**Zimtpulver**
100 g	**kalte Butter**
1,25 kg	**Zwetschgen**

1 Für den Hefeteig 400 g Mehl und 1 Prise Salz in einer Schüssel mischen. Die Hefe zerkrümeln, mit 80 g Zucker und lauwarmer Milch verrühren, mit dem Ei zur Mehlmischung geben. Mit den Knethaken des Handrührgeräts ca. 2 Minuten verkneten. Die weiche Butter zugeben und 3–4 Minuten zum glatten Teig verkneten. Mit etwas Mehl bestäuben und zugedeckt an einem warmen Ort ca. 1 Stunde gehen lassen.

2 Für die Streusel das restliche Mehl, die gemahlenen und die gehackten Haselnüsse, den restlichen Zucker, das Zimtpulver und 1 Prise Salz in einer Schüssel mischen. Die kalte Butter in kleinen Stücken und 2 EL kaltes Wasser zugeben. Alles mit den Händen oder mit den Knethaken des Handrührgeräts zu Streuseln verkneten. Mindestens 30 Minuten kalt stellen.

3 Die Zwetschgen waschen, abtropfen lassen, dann halbieren und entsteinen. Den recht weichen Hefeteig auf einem gefetteten Blech (30 x 40 cm) ausrollen. Dicht an dicht mit den Zwetschgen belegen und ca. 15 Minuten gehen lassen.

4 Den Ofen auf 200 Grad (Umluft nicht empfehlenswert) vorheizen. Den Kuchen mit den Streuseln bestreuen und im heißen Ofen auf der mittleren Schiene ca. 25 Minuten backen. Herausnehmen, etwas abkühlen lassen. Am besten lauwarm mit geschlagener Sahne servieren.

TIPP: Wer keine Zwetschgen bekommt, kann natürlich auch Pflaumen nehmen. Die sind jedoch saftiger und bleiben deshalb beim Backen nicht ganz so gut in Form.

Zubereitung ca. 65 Minuten + Gehzeit + Kühlzeit I **Utensilien** Handrührgerät, Backblech (30 x 40 cm), Nudelholz I **Pro Stück** ca. 277 kcal, 5 g E, 12 g F, 35 g KH

SCHOKO-GUGELHUPF

FÜR 18 STÜCKE

300 g	**weiche Butter + etwas für die Form**
300 g	**Mehl + etwas für die Form**
200 g	**Zucker**
1 TL	**Vanillepaste**
1 Prise	**Salz**
6	**Eier (Größe M)**
25 g	**Backkakao**
2 TL	**Weinstein-Backpulver**
150 ml	**Schlagsahne**
100 g	**Zartbitterschokoladentropfen**
2–3 TL	**Puderzucker**

1 Eine Gugelhupfform (1 ½ l Inhalt, 22 cm ∅) mit etwas weicher Butter fetten, mit Mehl ausstäuben und das überschüssige Mehl ausklopfen. 300 g weiche Butter, Zucker, Vanillepaste und Salz mit den Quirlen des Handrührgeräts ca. 5 Minuten sehr cremig rühren.

2 Den Backofen auf 180 Grad (Umluft 160) vorheizen. Die Eier einzeln jeweils ca. 30 Sekunden gut unter die Buttermasse rühren. 300 g Mehl, Kakao und Backpulver mischen, dann abwechselnd mit der Sahne und den Schokotropfen unterrühren.

3 Den Teig in die vorbereitete Form streichen und im heißen Ofen 50–55 Minuten auf der mittleren Schiene backen. Am besten eine Stäbchenprobe machen: Wenn an einem Holzstäbchen kein Teig kleben bleibt, ist der Kuchen fertig. Den Gugelhupf herausnehmen und in der Form auf einem Kuchengitter ca. 5 Minuten abkühlen lassen. Anschließend vorsichtig aus der Form stürzen und auf dem Gitter abkühlen lassen. Mit Puderzucker bestäubt servieren.

Und ein anderes Mal vielleicht eine Version mit Rosinen und Mandeln?

HELLER GUGELHUPF

edeka.de/gugelhupf

Zubereitung ca. 1 Stunde 30 Minuten + Abkühlzeit I **Utensilien** Gugelhupfform (1 ½ l Inhalt, 22 cm ∅), Handrührgerät, langes Holzstäbchen I **Pro Stück** ca. 315 kcal, 5 g E, 21 g F, 28 g KH

APFELKUCHEN

FÜR 12 STÜCKE

1	**Ei (Größe M)**
450 g	**Mehl + etwas zum Arbeiten**
3 TL	**Backpulver**
210 g	**Zucker**
1 Prise	**Salz**
300 g	**kalte Butter in kleinen Stücken + etwas für die Form**
½ TL	**Zimtpulver**
1,7 kg	**säuerliche Äpfel (z. B. Elstar)**
70 g	**getrocknete Cranberries**

Außerdem:

Frischhaltefolie oder Bienenwachstuch

1 Das Ei mit einer Gabel verquirlen, 1 EL davon kalt stellen. Das Mehl mit Backpulver, 150 g Zucker und Salz mischen. Die Butter und das verquirlte Ei dazugeben und alles mit den Knethaken des Handrührgeräts zu einem glatten Teig verarbeiten.

2 Den Teig zu einer dicken Rolle formen und dritteln. 2 Teile flach drücken. 1 Teil nochmals halbieren und zu 2 Rollen von ca. 20 cm Länge formen. Alles in Frischhaltefolie bzw. ein Bienenwachstuch wickeln und mindestens 1 Stunde kalt stellen.

3 Den Teig aus dem Kühlschrank nehmen. Eine Springform (24 cm Ø) fetten und die beiden Teigplatten jeweils auf einer bemehlten Arbeitsfläche rund in Springformgröße ausrollen. Die 1. Teigplatte mithilfe der Springform im passenden Durchmesser ausschneiden. Die 2. Teigplatte auf einen bemehlten Kuchenretter geben und kalt stellen. Die ausgeschnittene Teigplatte in die Springform legen.

4 Die beiden Teigrollen auf einer bemehlten Arbeitsfläche zu ca. 3 mm dünnen und ca. 10 cm breiten Streifen ausrollen. In der Breite des Springformrandes (ca. 8 cm) zuschneiden und an den Rand der Springform legen. Die Form kalt stellen.

5 Den Backofen auf 200 Grad (Umluft 180) vorheizen. Den restlichen Zucker mit dem Zimt mischen. Die Äpfel schälen, vierteln, entkernen und in Scheiben schneiden. Die Cranberries grob hacken und mit der Zuckermischung unter die Äpfel heben.

6 Die Apfelmischung in der vorbereiteten Springform gleichmäßig verteilen. Die kalt gestellte Teigplatte mit einer Gabel mehrfach einstechen und in 3 cm breite Streifen schneiden. Gitterartig auf den Äpfeln verteilen, die überhängenden Teigstücke abschneiden. Mit dem Rest vom verquirlten Ei dünn bepinseln und im heißen Ofen auf der untersten Schiene ca. 30 Minuten backen. Die Temperatur dann auf 180 Grad (Umluft 160) reduzieren und weitere ca. 30 Minuten backen.

7 Den Kuchen in der Form auf ein Kuchengitter stellen und mindestens 4 Stunden abkühlen lassen.

Zubereitung ca. 40 Minuten + Kühlzeit I **Utensilien** Handrührgerät, Springform (24 cm Ø), Kuchenretter, Nudelholz I **Pro Stück** ca. 488 kcal, 5 g E, 23 g F, 61 g KH

QUARKSTRUDEL

1 Ein Sieb mit einem Mulltuch auslegen, Quark hineingeben. Über eine Schüssel hängen, mit einem kleinen Teller und z. B. Konservendosen beschweren, im Kühlschrank mind. 2 Stunden abtropfen lassen. Sultaninen mit Rum und 2 EL Wasser mischen, ca. 2 Stunden einweichen.

2 Mit den Knethaken des Handrührgeräts 250 g Mehl, Öl, 20 g zerlassene Butter, Essig und 125 ml lauwarmes Wasser zu einem Teig verarbeiten. Teig mehrmals auf die Arbeitsfläche schlagen, bis er glatt wird. In einem kleinen Topf ca. 200 ml Wasser aufkochen. Das Wasser ausgießen, Topf über den Teig stülpen, ca. 30 Minuten ruhen lassen.

3 Vanilleschote längs aufschneiden, Mark herauskratzen. 30 g weiche Butter, Zucker, Vanillemark, Zitronenschale und Eier mit den Quirlen des Handrührgeräts ca. 5 Minuten schaumig schlagen. Das restliche Mehl unterrühren. Quark, Schmand und Zitronensaft langsam unterrühren. Die Sultaninen abtropfen lassen und untermischen. Den Backofen auf 220 Grad (Umluft 200) vorheizen. Eine rechteckige Backform aus Metall (ca. 30 x 22 cm) mit der restlichen weichen Butter fetten.

4 Den Teig halbieren, auf 2 leicht bemehlten Geschirrtüchern mit dem Nudelholz möglichst dünn ausrollen (von innen nach außen), dabei immer wieder anheben. Die Teige mit den Händen so dünn wie möglich ausziehen, dafür die Hände unter den Teig schieben und immer wieder mit den Handrücken von der Mitte aus zum Rand streichen. So lange ausziehen, bis die Muster der Geschirrtücher durch den Teig scheinen und 2 Rechtecke von 35 x 30 cm Größe entstanden sind.

5 Dicke Teigränder mit einem Teigrädchen knapp abschneiden. Je die Hälfte der Quarkmasse auf dem unteren, kürzeren Teigdrittel verteilen, dabei zur Kante einen ca. 5 cm breiten Rand frei lassen. Restliche Teigfläche mit ca. ⅔ der restlichen zerlassenen Butter bepinseln. Teigkanten rechts und links über die Füllung schlagen. Beide Strudel mithilfe der Tücher locker über der Füllung aufrollen. Mit der Naht nach unten nebeneinander in die Form setzen. Mit restlicher zerlassener Butter bepinseln. Im heißen Ofen im unteren Drittel 40–45 Minuten backen. Strudel aus dem Ofen nehmen und lauwarm abkühlen lassen. Mit Puderzucker bestäuben. Dazu passt Vanilleeis.

FÜR 12 PORTIONEN

500 g	**Magerquark**
75 g	**Sultaninen**
6 EL	**brauner Rum**
275 g	**Mehl + etwas zum Arbeiten**
1 EL	**Öl**
150 g	**zerlassene Butter**
1 EL	**Essig**
¼	**Vanilleschote**
60 g	**weiche Butter**
120 g	**Zucker**
1 TL	**fein abgeriebene Bio-Zitronenschale**
2	**Eier (Größe M)**
100 g	**Schmand**
1 EL	**Zitronensaft**
2 EL	**Puderzucker**

Zubereitung ca. 1 Stunde 40 Minuten + Ruhezeit **I Utensilien** Mulltuch, Sieb, Handrührgerät, Backform aus Metall (ca. 30 x 22 cm), 2 Geschirrtücher, Nudelholz, Teigrädchen **I Pro Portion** ca. 367 kcal, 10 g E, 19 g F, 36 g KH

WIE MACHT MAN EIGENTLICH

STRUDELTEIG?

„Ziehhhh" ist das Motto bei der Strudelzubereitung.
Denn der elastische Teig muss richtig schön
dünn werden. Hilfreich dabei sind Geschirrtuch und
Nudelholz sowie ein Paar geschickte Hände.

SCHRITT 2

Jetzt den Teig zu einer
Kugel formen, mit etwas Öl
bestreichen, auf ein mit
Mehl bestäubtes Brett
legen und 30 Minuten
ruhen lassen.

SCHRITT 3

Den Teig auf einem bemehlten
Geschirrtuch per Nudelholz sehr dünn
ausrollen (ca. 47 x 50 cm). Dann die
Hände mit den Rücken nach oben
unter den Teig schieben und immer
wieder mit den Handrücken von der
Mitte aus zum Rand streichen, bis der
Teig hauchdünn ist.

SCHRITT 1

Für die klassische Version 250 g Mehl
(Type 450 oder 550) mit 120 ml kaltem
Wasser, 1 Prise Salz, 1 kalten Ei und 50 ml
Öl mit den Knethaken des Handrührgeräts
erst 10 Minuten auf mittlerer Stufe
verkneten, dann ca. 5 Minuten mit den
Händen. Teig dabei mehrmals auf die
Arbeitsfläche schlagen.

SCHRITT 5

Den Strudel mit der Naht nach unten auf ein
mit Backpapier belegtes Backblech legen, mit
etwas zerlassener Butter bepinseln und im
heißen Ofen bei 200 Grad (Umluft 180)
ca. 35 Minuten backen.

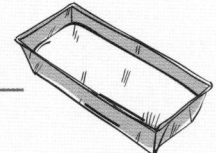

SCHON GEWUSST?
STRUDEL KANN AUCH
IN EINER ÜBLICHEN
KASTENFORM
GEBACKEN WERDEN. SO
FÄLLT ER GARANTIERT
NICHT AUSEINANDER.

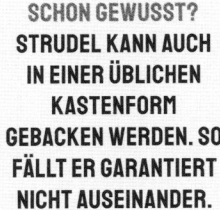

SCHRITT 4

1 EL Butter schmelzen und den Teig damit
bestreichen. Den Teig nach Belieben belegen
– dabei einen Rand frei lassen. Die
Außenseiten über die Füllung klappen und
den Strudel mithilfe des Tuchs aufrollen.

BUTTERKUCHEN
MIT MANDELN

FÜR 20 STÜCKE

100 g	**Zucker**
250 ml	**lauwarme Milch**
30 g	**frische Hefe**
500 g	**Mehl + etwas zum Arbeiten**
2	**Eier (Größe M)**
½ TL	**Salz**
325 g	**weiche Butter + etwas für das Blech**
80 g	**Puderzucker**
1 TL	**Vanillepaste**
50 g	**Mandelblättchen**
½ TL	**Zimtpulver**

1 70 g Zucker, die lauwarme Milch und die zerkrümelte Hefe in einer großen Rührschüssel gut verrühren. Mehl, Eier und Salz zugeben und alles mit den Knethaken des Rührgeräts ca. 2 Minuten gut verkneten. 75 g weiche Butter hinzufügen und weitere 3–4 Minuten zu einem glatten, glänzenden Hefeteig verarbeiten. Zugedeckt an einem warmen Ort 1–1 ¼ Stunden auf das doppelte Volumen aufgehen lassen.

2 Den weichen Teig auf ein gefettetes tiefes Backblech (30 x 40 cm) geben und mit bemehlten Händen gleichmäßig darauf verteilen. Am besten mit einer kleinen Teigrolle glatt rollen. Zugedeckt weitere ca. 20 Minuten an einem warmen Ort gehen lassen.

3 Den Backofen auf 200 Grad (Umluft nicht empfehlenswert) vorheizen. Die restliche weiche Butter, Puderzucker und Vanillepaste mit den Quirlen des Handrührgeräts ca. 5 Minuten sehr cremig rühren. In einen Spritzbeutel mit kleiner Lochtülle füllen.

4 Dicht an dicht Vertiefungen in den Teig drücken, die Vanillebutter in die Vertiefungen spritzen. Mit den Mandelblättchen bestreuen. Den restlichen Zucker und den Zimt mischen und darüberstreuen. Im heißen Ofen auf der mittleren Schiene 20–23 Minuten backen. Mit dem Backblech auf ein Kuchengitter stellen und etwas abkühlen lassen. Am besten noch warm servieren. Dazu passt Schlagsahne.

Diese tollen Tricks kennen Sie vielleicht noch nicht!

**HEFETEIG
GEHEN LASSEN**

edeka.de/hefeteig

Zubereitung ca. 40 Minuten + Gehzeit I **Utensilien** Handrührgerät, tiefes Backblech (30 x 40 cm), evtl. kleine Teigrolle, Spritzbeutel mit kleiner Lochtülle I **Pro Stück** ca. 277 kcal, 5 g E, 16 g F, 28 g KH

ERDBEERKUCHEN
MIT GERÖSTETEN MANDELN

FÜR 10 STÜCKE

180 g	**weiche Butter**
225 g	**Mehl**
1,5 TL	**Backpulver**
150 g	**Zucker**
1 Prise	**Salz**
3	**Eier (Größe M)**
50 ml	**Milch**
30 g	**Mandelblättchen**
1 kg	**kleine Erdbeeren**
100 g	**Gelierzucker 2:1**
2 EL	**Zitronensaft**
100 g	**Aprikosenkonfitüre**

1 Den Backofen auf 175 Grad (Umluft 160) vorheizen. Eine Obstbodenform (26 cm Ø) mit 30 g Butter fetten. Mehl und Backpulver mischen. Die restliche Butter, Zucker und Salz mit den Quirlen des Handrührgeräts mindestens 5 Minuten schaumig schlagen. Die Eier nacheinander jeweils ca. 30 Sekunden unterrühren. Die Mehlmischung abwechselnd mit der Milch auf kleiner Stufe zügig unterrühren.

2 Den Teig in die Form streichen und im heißen Ofen auf der mittleren Schiene ca. 30 Minuten backen. Erst ca. 10 Minuten in der Form auf einem Kuchengitter abkühlen lassen, danach auf das Kuchengitter stürzen.

3 Die Mandelblättchen auf ein Backblech geben und im heißen Ofen bei 175 Grad (Umluft 160) unter Beobachtung ca. 5 Minuten goldbraun rösten. Auf einen Teller geben und abkühlen lassen.

4 Die Erdbeeren waschen und putzen. 250 g in einem Topf mit dem Pürierstab fein pürieren, Gelierzucker und Zitronensaft unterrühren. Unter ständigem Rühren aufkochen und ca. 3 Minuten sprudelnd kochen. In eine Schüssel umfüllen und ca. 10 Minuten abkühlen lassen.

5 Den Obstboden mit der Aprikosenkonfitüre bestreichen. Die restlichen Erdbeeren je nach Größe halbieren oder vierteln und auf dem Obstboden verteilen. Das lauwarme Erdbeerpüree mit einem Esslöffel darüber verteilen.

6 Den Kuchen ca. 1 Stunde kalt stellen. Auf eine Kuchenplatte geben und mit den Mandeln bestreut servieren. Dazu passt Schlagsahne.

Zubereitung ca. 1 Stunde 40 Minuten + Kühlzeit I **Utensilien** Obstbodenform (26 cm Ø), Handrührgerät, Pürierstab I **Pro Stück** ca. 412 kcal, 6 g E, 19 g F, 53 g KH

SCHOKO-PUDDING

FÜR 4 PORTIONEN

1 100 g **Zartbitterschokolade** fein hacken. Mit **400 ml Milch** und ¼ **TL Zimtpulver** in einen Topf geben. **1 Ei (Größe M)** trennen. Eigelb, **30 g Stärke**, **1 EL Backkakao**, **100 ml Milch** und **20 g Zucker** glatt verrühren.

2 Die Milch-Schoko-Mischung unter ständigem Rühren aufkochen. Die Stärkemischung einrühren und weitere ca. 30 Sekunden kräftig kochen, dabei ständig rühren. Danach den Topf vom Herd nehmen.

3 Das Eiweiß mit **1 Prise Salz** mit dem Handrührgerät steif schlagen, **20 g Zucker** einrieseln lassen und ca. 1 Minute weiterschlagen. **100 ml Sahne** mit sauberen Quirlen ebenfalls steif schlagen. Etwas Eischnee unter die Puddingmasse rühren, den restlichen Eischnee und die geschlagene Sahne vorsichtig unterheben. Den Pudding in eine Schüssel füllen, die Oberfläche dünn mit **1 TL Zucker** bestreuen und den Pudding abkühlen lassen. Kurz vor dem Servieren **100 ml Sahne** steif schlagen und etwas auf den Pudding geben. **Ca. 10 g Zartbitterschokolade** fein darüberreiben. Die restliche Sahne dazu servieren.

Zubereitung ca. 15 Minuten + Kühlzeit **I Utensilien** Handrührgerät **I Pro Portion** ca. 452 kcal, 9 g E, 29 g F, 38 g KH

VANILLE-PUDDING

FÜR 4 PORTIONEN

1 1 **Vanilleschote** längs aufschneiden und das Mark herauskratzen. Beides mit **400 ml Milch** in einem Topf aufkochen. **1 Ei (Größe M)** trennen. Eigelb, **40 g Stärke**, **30 g Zucker** und **100 ml Milch** glatt verrühren. Vanilleschote aus der Milch entfernen, die Stärkemischung in die kochende Milch rühren und ca. 30 Sekunden unter Rühren kräftig kochen. Den Topf vom Herd nehmen.

2 Das Eiweiß mit **1 Prise Salz** steif schlagen, **20 g Zucker** einrieseln lassen und ca. 1 Minute weiterschlagen. **100 ml Sahne** mit sauberen Quirlen ebenfalls steif schlagen. Etwas Eischnee unter die Puddingmasse rühren, den restlichen Eischnee und die geschlagene Sahne vorsichtig unterheben. Den Pudding in eine Schüssel füllen, die Oberfläche dünn mit **1 TL Zucker** bestreuen und den Pudding abkühlen lassen. Kurz vor dem Servieren **100 ml Sahne** steif schlagen und zum Pudding servieren.

Zubereitung ca. 15 Minuten + Kühlzeit **I Utensilien** Handrührgerät **I Pro Portion** ca. 348 kcal, 7 g E, 22 g F, 31 g KH

BRATÄPFEL
MIT VANILLESAUCE

FÜR 4 PORTIONEN

Für die Bratäpfel:
- 50 g **gehackte Mandeln**
- 25 g **Rosinen**
- 50 g **Marzipanrohmasse**
- 1 Msp. **Zimtpulver**
- 1 EL **brauner Rum**
- 4 **mittelgroße säuerliche Äpfel (z. B. Boskoop, Elstar)**
- 20 g **Butter**

Für die Vanillesauce:
- 1 **Vanilleschote**
- 450 ml **Vollmilch**
- **Salz**
- 1 TL **Speisestärke**
- 3 **Eigelb (Größe M)**
- 3 EL **Zucker**

1 Den Backofen auf 200 Grad (Umluft 180) vorheizen. Die Mandeln in einer Pfanne ohne Fett goldbraun rösten. Auf einen Teller geben und abkühlen lassen. Mit Rosinen, Marzipanrohmasse, Zimtpulver und Rum in eine Schüssel geben und mit den Händen oder den Knethaken des Handrührgeräts verkneten.

2 Von den Äpfeln mit einem Apfelausstecher großzügig das Kerngehäuse ausstechen. Die Äpfel evtl. am Boden leicht begradigen, sodass sie beim Backen nicht umfallen. Die Äpfel in eine Auflaufform setzen und mit der Marzipanmischung füllen. Die Butter in kleinen Stücken darauf verteilen. Im heißen Ofen auf einem Rost auf der mittleren Schiene 30–40 Minuten backen, bis die Äpfel weich sind (am besten mit einem kleinen spitzen Messer testen).

3 Inzwischen für die Vanillesauce die Vanilleschote längs aufschneiden und das Mark herauskratzen. Vanillemark und -schote mit 300 ml Milch und 1 Prise Salz in einem Topf aufkochen. Beiseitestellen und ca. 10 Minuten ziehen lassen. Die Vanilleschote entfernen.

4 Die restliche Milch mit der Speisestärke und dem Eigelb verrühren. Die Vanillemilch erneut aufkochen. Die Eigelbmischung einrühren und unter Rühren bei milder Hitze so lange erhitzen, bis eine leichte Bindung entsteht. Den Zucker einrühren und die Sauce unter gelegentlichem Rühren lauwarm abkühlen lassen.

5 Die Bratäpfel aus dem Backofen nehmen. Mit dem entstandenen Sud und mit der Vanillesauce servieren.

Erstaunlich, was man mit Bratäpfeln so alles machen kann …

BRATAPFEL-TIRAMISU

edeka.de/bratapfel-tiramisu

Zubereitung ca. 1 Stunde I **Utensilien** evtl. Handrührgerät, Apfelausstecher, Auflaufform I **Pro Portion** ca. 431 kcal, 10 g E, 24 g F, 42 g KH

GRIESS-BREI
MIT KIRSCHEN

1 Die Milch mit Salz, Vanillepaste und 2 EL Zucker in einem Topf aufkochen. Den Grieß unter ständigem Rühren zugeben und aufkochen. Bei milder Hitze ca. 10 Minuten quellen lassen. Dabei oft umrühren.

2 Den Grießbrei vom Herd ziehen. Das Ei trennen, Eigelb und Butter zum Grießbrei geben und kräftig unterrühren. In eine Schüssel füllen und ca. 15 Minuten abkühlen lassen, dabei mehrfach umrühren, damit sich keine Haut bildet.

3 Die Schattenmorellen abgießen und den Saft dabei auffangen. 200 ml Saft mit der Zimtstange aufkochen. 50 ml Saft mit der Speisestärke glatt rühren, in den kochenden Saft rühren und aufkochen. Dann in eine Schüssel füllen, die Schattenmorellen untermischen und etwas abkühlen lassen.

4 Das Eiweiß mit den Quirlen des Handrührgeräts steif schlagen, den restlichen Zucker einrieseln lassen und ca. 1 Minute weiterschlagen. Den Eischnee unter den Grießbrei heben. Lauwarm oder kalt mit den angedickten Kirschen servieren.

FÜR 4 PORTIONEN
Für den Grießbrei:
- 750 ml **Milch**
- 1 Prise **Salz**
- 1 TL **Vanillepaste**
- 4 EL **Zucker**
- 80 g **Weichweizengrieß**
- 1 **frisches Ei (Größe M)**
- 20 g **weiche Butter**

Für die Kirschen:
- 1 Glas **Schattenmorellen (720 ml)**
- 1 **Zimtstange (ca. 4 cm Länge)**
- 2 TL **Speisestärke**

Zubereitung ca. 40 Minuten I **Utensilien** Handrührgerät I **Pro Portion** ca. 450 kcal, 11 g E, 13 g F, 73 g KH

HOLUNDER-BEER-SUPPE

FÜR 4 PORTIONEN

Für die Grießklößchen:

250 ml	**Milch**
2 EL	**Butter**
50 g	**Zucker**
1 TL	**abgeriebene Bio-Zitronenschale**
	Salz
120 g	**Hartweizengrieß**
2	**Eier (Größe M)**

Für die Holunderbeersuppe:

700 ml	**Holunderbeersaft**
250 ml	**Apfelsaft**
70 g	**Zucker**
1	**Zimtstange**
15 g	**Speisestärke**
3	**kleine Äpfel (z. B. Elstar)**
2 EL	**Zitronensaft**

1 Für die Grießklößchen die Milch mit Butter, Zucker, abgeriebener Zitronenschale und 1 Prise Salz aufkochen. Den Grieß unter Rühren einstreuen und bei sehr schwacher Hitze so lange rühren, bis die Masse sich als Kloß vom Topfboden löst.

2 Die Masse in eine Schüssel füllen und die Eier nacheinander mit den Knethaken des Handrührgeräts unterrühren. Aus der Grießmasse mit 2 angefeuchteten Teelöffeln Nocken formen. In siedendes Salzwasser geben und offen bei milder Hitze 8–10 Minuten gar ziehen lassen, bis sie oben schwimmen.

3 Inzwischen Holunderbeersaft, Apfelsaft und Zucker mit der Zimtstange aufkochen. Die Stärke und 3 EL kaltes Wasser glatt rühren, in die kochende Saftmischung rühren, unter häufigem Rühren 2–3 Minuten köcheln.

4 Die Äpfel schälen, vierteln, entkernen und in dünne Scheiben schneiden. Apfelscheiben und Zitronensaft zur Suppe geben und 3–4 Minuten köcheln. Die Grießklößchen mit einem Schaumlöffel aus dem Wasser heben, gut abtropfen lassen und auf der Suppe anrichten.

Zubereitung ca. 40 Minuten | **Utensilien** Handrührgerät, Schaumlöffel | **Pro Portion** ca. 509 kcal, 12 g E, 11 g F, 87 g KH

BAYRISCHE CREME

FÜR 6 PORTIONEN

Für die Bayrische Creme:

5 Blätter	**Gelatine**
250 ml	**Vollmilch**
1 TL	**Vanillepaste**
4	**Eigelb (Größe M)**
70 g	**Zucker**
300 ml	**Schlagsahne**

Für das Beerenkompott:

250 g	**Brombeeren**
250 g	**Heidelbeeren**
1	**Bio-Zitrone**
40 g	**Zucker**
1 Zweig	**Rosmarin**
1 TL	**Speisestärke**

Außerdem:

2 TL	**Puderzucker**

1 Für die Creme die Gelatine in kaltem Wasser einweichen. Die Milch in einem Topf erhitzen. Vanillepaste, Eigelb und Zucker in einer Metallschüssel verrühren. Heiße Milch unter Rühren zufügen, alles über einem heißen Wasserbad mit dem Schneebesen dickcremig und heiß aufschlagen (das Wasser sollte dabei nicht kochen, nur leicht sieden).

2 Die Schüssel vom Wasserbad nehmen. Die Gelatine gut ausdrücken und in der heißen Creme auflösen. Die Creme in einem kalten Wasserbad unter gelegentlichem Rühren vollständig abkühlen lassen.

3 Die Sahne steif schlagen. Sobald die Creme beginnt, fest zu werden, ⅓ der Sahne unterrühren, dann den Rest vorsichtig unterheben.

4 6 Puddingförmchen (à ca. 120 ml Inhalt) mit kaltem Wasser aus-spülen. Die Creme in die Puddingförmchen füllen und mindestens 5 Stunden (am besten über Nacht) kalt stellen.

5 Für das Kompott die Beeren verlesen. Die Zitrone heiß waschen, trocken reiben, 2 TL Schale fein abreiben. Die Zitrone halbieren, eine Hälfte auspressen. Den Zucker in einem Topf hellgelb karamel-lisieren lassen, dabei nicht rühren. 3 EL Zitronensaft, die Hälfte der Beeren, die Zitronenschale und den Rosmarinzweig dazugeben. Alles aufkochen und bei milder Hitze ca. 2 Minuten köcheln. Die Stärke und 3 EL Wasser glatt rühren, in das Kompott rühren und aufkochen. Vollständig abkühlen lassen und den Rosmarin herausnehmen.

6 Die Förmchen kurz in heißes Wasser tauchen, die Creme auf Teller stürzen. Mit dem Kompott und den restlichen Beeren anrichten. Mit Puderzucker bestäubt servieren.

TIPP: Wer keine 6 identischen Förmchen hat, füllt die Creme in Dessertschälchen. Zum Servieren das Kompott auf die Creme geben.

MACH'S VEGETARISCH

Die Gelatine durch ca. 8–10 g Agar Agar ersetzen. Die Dosierung variiert jedoch je nach Hersteller – bitte die Packungsangabe beachten! Agar Agar in die erhitzte Milch rühren und 2 Minuten köcheln. Wie im Rezept weiterverfahren, aber die Sahne bereits unterheben, wenn die Creme handwarm abgekühlt ist.

Zubereitung ca. 1 Stunde + mind. 5 Stunden Kühlzeit **I Utensilien** Metallschüssel, Schneebesen, Handrührgerät, 6 Puddingförmchen (à ca. 120 ml Inhalt), Zitrusreibe **I Pro Portion** ca. 365 kcal, 9 g E, 23 g F, 30 g KH

RHABARBER-GRÜTZE

FÜR 4 PORTIONEN

1 **800 g Rhabarber** (am besten rotstieliger Himbeer-Rhabarber) waschen, putzen und schräg in 2 cm lange Stücke schneiden. **1 TL Vanillepaste, 50 g Zucker** und **500 ml Rhabarbernektar** in einem Topf aufkochen. Die Hälfte des Rhabarbers dazugeben und alles zugedeckt bei mittlerer Hitze ca. 8 Minuten köcheln. Anschließend fein pürieren.

2 **3 EL Speisestärke** in etwas kaltem Wasser glatt rühren und in die Mischung geben. Unter Rühren gut aufkochen. Restlichen Rhabarber hinzufügen und 2–3 Minuten bei milder bis mittlerer Hitze köcheln. Dabei vorsichtig rühren, damit der Rhabarber nicht zerfällt. Die Grütze umfüllen und abkühlen lassen. Mit **250 ml flüssiger Sahne oder Vanillesauce** servieren.

TIPP: **Wer auf das Klebereiweiß Gluten achten muss, kann gezielt zu glutenfreier Speisestärke greifen – so werden die Rhabarbergrütze und auch die rote Grütze rechts komplett glutenfrei.**

ROTE GRÜTZE

FÜR 4 PORTIONEN

1 **400 g Erdbeeren, 200 g Heidelbeeren** und **200 g Johannisbeeren** vorsichtig abspülen und putzen. Die Erdbeeren vierteln, die Johannisbeeren von den Rispen streifen. **200 g Himbeeren** verlesen. Nun **1 TL Vanillepaste, 40 g Zucker** und **500 ml schwarzen Johannisbeernektar** aufkochen. Jeweils die Hälfte der Beeren dazugeben und zugedeckt bei mittlerer Hitze ca. 5 Minuten köcheln. Die Beeren im Saft fein pürieren.

2 **3 EL Speisestärke** in etwas kaltem Wasser glatt rühren und in die kochende Mischung geben. Unter Rühren alles noch einmal gut aufkochen. In eine Schüssel füllen, die restlichen Beeren untermischen und die Grütze abkühlen lassen. Danach mit **250 ml flüssiger Sahne oder Vanillesauce** servieren.

Zubereitung ca. 30 Minuten + Kühlzeit **I Utensilien** Pürierstab **I Pro Portion** ca. 371 kcal, 4 g E, 20 g F, 39 g KH

Zubereitung ca. 30 Minuten + Kühlzeit **I Utensilien** Pürierstab **I Pro Portion** ca. 407 kcal, 4 g E, 21 g F, 44 g KH

ACH SO!
Grütze – klingt komisch? Ist aber
megalecker! Die Norddeutschen
wissen das schon lange. Spätestens,
seit das Rezept aus Skandinavien
rübergeschwappt ist.

ACH SO!
Einfach, aber genial – so müssen Rezepte
sein. In manchen Regionen, etwa Nordrhein-
Westfalen, wird das Zuckerei Goggelmoggel
genannt. Ist das nicht die Figur aus „Alice
im Wunderland"?

ZUCKEREI
MIT HIMBEEREN

FÜR 4 PORTIONEN

300 g	**Himbeeren**
2 EL	**Vanillezucker**
1	**Bio-Zitrone**
3 Stiele	**Zitronenmelisse**
4	**sehr frische Eigelb (Größe M, am besten Bio-Eier)**
4 EL	**Zucker (am besten feiner)**

1 Die Himbeeren verlesen und mit dem Vanillezucker mischen. Die Zitrone heiß waschen und 2 TL Schale fein abreiben. Die Zitrone nun halbieren und eine Hälfte auspressen. Die abgeriebene Schale und 3 EL Zitronensaft unter die Himbeeren mischen. Die Blättchen von 2 Stielen Zitronenmelisse abzupfen, fein hacken und untermischen.

2 Eigelb und Zucker in ein hohes Gefäß geben und mit den Quirlen des Handrührgeräts weißcremig schlagen. Die Creme in 4 Dessertschälchen geben und die marinierten Himbeeren darauf verteilen. Restliche Zitronenmelisseblättchen abzupfen und das Zuckerei damit verzieren.

TIPP: Ein starker Kaffee schmeckt köstlich zum Zuckerei! Wer das Dessert gerne mit Schuss mag, kann es mit Eierlikör verfeinern. Diesen ganz einfach zum Schluss vorsichtig unterheben.

Toll, was man aus frischen Eiern noch zaubern kann:

SELBST GEMACHTER EIERLIKÖR

edeka.de/eierlikoer

Zubereitung ca. 15 Minuten | **Utensilien** Zitrusreibe, Handrührgerät | **Pro Portion** ca. 177 kcal, 4 g E, 7 g F, 23 g KH

REGISTER

IMPRESSUM

VERLAG & HERAUSGEBER

EDEKA Media GmbH
New-York-Ring 6, 22297 Hamburg
Geschäftsführung Markus Mosa, Rolf Lange
Gesamtleitung Nico Schiller-Claussen, Katharina Orth
Projektmanagement Inessa Brauer, Lara Debora Kortbrae
www.edeka.de

REDAKTION & GESTALTUNG

C3 Creative Code and Content GmbH
Redaktion Christine Linde, Götz Poggensee
Text Christine Linde
Lektorat Michael Svetchine
Projektmanagement Sabrina Jentsch, Hannah Wagner
Fotografie Silke Zander
Rezeptentwicklung und Foodstyling Marcel Stut
Styling Anka Rehbock
Illustration Chiara Kleinke, Shutterstock
Artdirection Chiara Kleinke, Jessica Winter
Bildredaktion Vika Yarmilko, Penelope Toro
Lithografie Giesick | Medien Produktion
Zusätzliche Fotos: Andreas von Einsiedel/Getty Images (S. 2), Kelly Brown/Stocksy (S. 5), VISUALSPECTRUM/Stocksy (S. 6), Tom Werner/Getty Images, pullia/iStock, shutterstock, EDEKA (S. 23), taikrixel/Getty Images (S. 27), Westend61/Getty Images, EDEKA, shutterstock (S. 36), Westend61/Getty Images (S. 42), Thomas Barwick/Getty Images (S. 61), shutterstock, BILDREICH HAMBURG Koenen & Wulf GbR (Patrick Wulf) (S. 65), Sasha Haltam/Getty Images, Jakob Fridholm/Getty Images, EDEKA, Marianne Niedermeier (S. 93), bluejayphoto/iStock (S. 115), Umkehrer/Getty Images, Josep Bernat Sànchez Moner/iStock, shutterstock, Fritz Frech/Werbefotografie Guido Gegg (S. 120), Marius Faust/EyeEm/Getty Images (S. 141), Bernd Haake/EyeEm/Getty Images, Mint Images/Getty Images, Eugene Mymrin/Getty Images, shutterstock, EDEKA (S. 153), Melissa Milis Photography/Stocksy (S. 161), Goh Wai Chong/EyeEm/Getty Images, Hannah Criswel/Stocksy, shutterstock, EDEKA (S. 165), Achim Thomae/Getty Images (S. 171), Natalie Jeffcott/Stocksy (S. 199), Urs Siedentop & Co/Stocksy, Yaroslav Danylchenko/Stocksy, Toni Hoffmann/Getty Images, Robert Kneschke/EyeEm/Getty Images, VISUALSPECTRUM/Stocksy, Helmut Hess/Getty Images

DRUCK & VERARBEITUNG

Mohn Media Mohndruck GmbH
Carl-Bertelsmann-Str. 161 M
33311 Gütersloh

Copyright © 2021 EDEKA Media GmbH

ISBN 978-3-9818005-6-2
1. Auflage 2021

MIX
Papier aus verantwortungsvollen Quellen
FSC® C011124
www.fsc.org

AUCH ERSCHIENEN

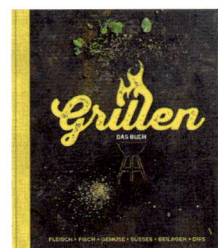

Grillen – Das Buch
200 Seiten
14,95 € [D] I 15,30 € [A]
ISBN: 978-3-00-047840-6

Selbstgemacht – Das Buch
200 Seiten
14,95 € [D] I 15,30 € [A]
ISBN: 978-3-9818005-1-7

**COOK BOOM BÄM
– Das Familienkochbuch**
200 Seiten
14,95 € [D] I 15,30 € [A]
ISBN: 978-3-9818005-2-4

Backen – Das Buch
200 Seiten
14,95 € [D] I 15,30 € [A]
ISBN: 978-3-9818005-3-1

Alles vegetarisch – Das Buch
200 Seiten
14,95 € [D] I 15,30 € [A]
ISBN: 978-3-9818005-4-8

**Koch dich fit
– Das Kochbuch vom Olympia
Team Deutschland**
144 Seiten
9,95 € [D] I 11,30 € [A]
ISBN: 978-3-9818005-5-5